Tina Ganser / **Gemüseliebe**

Tina Ganser

GEMÜSE
Liebe

100
vegetarische
Jeden-Tag-
Rezepte

löwenzahn

> Ich widme dieses Buch meiner Mutter, die – Gott sei Dank – nie aufgegeben hat, ihre große Kochleidenschaft und Experimentierfreudigkeit an mich weiterzugeben und in mir zu entflammen.

108

169

160

Moderne Klassiker

Ein Kochbuch nur mit Gemüsegerichten?

Es ist noch nicht wirklich lange her, dass man ein Gemüse-kochbuch nur in versteckten Ecken von Buchhandlungen gefunden hat. Warum sollte man zu Beilagen auch ein ganzes Buch schreiben? Heute ist das anders. Gemüse ist — vor allem für junge Menschen — mitunter sogar das neue Fleisch. Und in vielen Gourmetrestaurants ist es mittlerweile zum Star auf den Tellern aufgestiegen. Mit raffinierten Rezepten haben auch konservative Esser und Esserinnen eine neue Liebe zu Gemüse gefunden.

Wie aber lässt sich diese Liebe bewahren? Wie kann sie auch im Alltag erhalten und gepflegt werden? Mehr noch: Wie lässt sie sich im Alltag überhaupt leben, die Gemüseliebe? Nur wenige Menschen können spontan mehr als drei Gemüse-gerichte aus dem Stand kochen, selbst geübten Köchen und Köchinnen fällt oft nur eine Beilagenvariante ein.

Dieses Buch gibt viele Anregungen zu einer schmack-haften Gemüseküche, die sich ohne exotische Gewürze und Zutaten, ohne allzu aufwändige Vorbereitungen gut in den Alltag integrieren lässt. Und ist damit auch so etwas wie ein kleiner kulinarischer Beziehungsratgeber, der die Liebe der Kochenden und der Essenden zu Gemüse stärken hilft. Denn wahre Liebe zeigt sich in der Beständigkeit, nicht in flüchtigen kulinarischen Affären mit der 3-Sterne-Küche.

Und auch beim Gemüse bewahrheitet sich der Satz, dass wir das gerne essen (lernen), was wir oft essen, und nicht umgekehrt. Denn der persönliche Geschmack, die individuellen Geschmacksvorlieben entwickeln sich in der alltäglichen Ess-praxis. Je öfter wir Gemüse essen, umso mehr wächst es uns ans Herz. Kochen und schmecken Sie sich, lieber Leser und liebe Leserin, durch dieses Buch, auch auf die Gefahr hin, der Gemüseliebe zu verfallen.

Hanni Rützler
Pionierin der Ernährungswissenschaft und Foodtrendforscherin

Veggielicious

Alles hat damit begonnen, dass ich für mein Studium von zu Hause in eine andere Stadt gezogen bin und nicht mehr jeden Tag das köstliche Essen meiner Mutter bekommen habe.

Aufgewachsen bin ich in Tirol. Gutes Essen, gemeinsam am Tisch sitzen, über den Tag plaudern und die Zeit zusammen genießen war in unserer Familie immer schon ein wichtiges Thema. Ich hatte das Glück, dass ich mehr oder weniger jeden Tag nach der Schule eine herrliche Mahlzeit bekam und mir auch keine Gedanken darüber machen musste, was ich heute esse. Das hat sich dann natürlich alles geändert, als ich in die große ferne Stadt gezogen bin und nun für mich selbst sorgen musste. Bis dato war ich nur ein großer Backfan und habe weitaus öfters den Schneebesen als den Kochlöffel geschwungen.

Anfangs war alles eher holprig und ich habe in den ersten Monaten meiner Studienzeit — wie wohl die meisten Studierenden — hauptsächlich von Spaghetti und Müsli gelebt. Da ich aber abwechslungsreiches und gutes Essen von zu Hause gewohnt war, wurde mir das nach einer Weile ziemlich fad. So habe ich mir vorgenommen, mir etwas mehr Zeit für das Kochen zu nehmen und auch mehr die Vielfalt zu genießen. Ich habe den Kochlöffel in die Hand genommen und nach Lust und Laune drauflosgekocht. Kochbücher hatte ich damals wenige, rief meine Mutter an, wenn etwas nicht klappte, und holte mir wichtige praktische Tipps. Sie hat schon seit Jugendtagen versucht, die Kochleidenschaft in mir zu entflammen, und gab mir immer wieder Tipps, erklärte mir beim Kochen, wie sie etwas macht. Damals hat es noch nicht gefruchtet, aber im Nachhinein bin ich sehr froh, dass sie nie aufgegeben hat.

Mit dem Thema Ernährung musste ich mich schon immer beschäftigen. Bereits im Volksschulalter litt ich an zahlreichen Allergien, musste für ein paar Wochen u. a. auf Weizen und Zucker verzichten. Später kam die Laktoseinterolanz hinzu und seit ein paar Jahren leide ich wieder an Neurodermitis aufgrund von Nahrungsmittelallergien. Daher musste ich schon immer darauf achten, was ich esse und was in meinem Essen drinnen ist. Auch gesunde Ernährung war bei uns schon immer ein wichtiges Thema (als Kind war jedoch die Süßigkeitenschublade der Nachbarskinder mein größtes Interesse).

"

Ich versuche
immer alles zu ver-
wenden und so
wenig wie möglich
wegzuwerfen.
Mir bricht es das
Herz, wenn ich
sehe, wie oft Leute
Essen wegschmei-
ßen – obwohl es
noch gut ist – und
mit wie wenig Res-
pekt mit Lebens-
mitteln umgegan-
gen wird. So habe
ich viele No Food
Waste-Tipps zu
den Rezepten ge-
schrieben.

Mit dem Studium der Ernährungswissenschaften wurde auch das Verlangen nach mehr frischen und weniger industriell verarbeiteten Produkten größer. Mir wurde es immer wichtiger zu wissen, was in meinem Essen tatsächlich steckt. Durch das Studium wusste ich, dass in den meisten stark industriell verarbeiteten Produkten u. a. viel Zucker enthalten ist. Auch dort, wo man ihn gar nicht erwartet. So versuche ich heutzutage vieles selbst zu machen, wenig stark industriell verarbeitete Produkte zu kaufen und achte auch beim Kauf auf die Zutatenliste.

Meine Küche ist vorwiegend saisonal, einfach und mit heimischen Produkten. Der Geschmack von saisonalem und regionalem Obst und Gemüse ist nicht nur besser, sondern man kann so auch gleich etwas für die Umwelt tun und die lokalen Anbieter unterstützen.

Ich bin keine ausgebildete Köchin, mag es selbst nicht, wenn die Zutatenliste länger ist als die Seite selbst. Ich liebe es zu experimentieren, unterschiedlichste Geschmackskombinationen auszuprobieren und Rezepte abzuwandeln, um ihnen einen Hauch von Tina zu geben. Eine große Fleischesserin war ich noch nie, mich hat schon immer die Geschmacks- und Gemüsevielfalt interessiert. So ist meine Küche vorwiegend vegetarisch und Gemüse immer der Star.

Inspiriert werde ich von so vielen Dingen: der Hausmannskost meiner Großmutter, der Experimentierküche meiner Mutter, beim Essengehen (und wenn ich dann zu Hause versuche, es à la Tina nachzukochen), von verschiedensten „Resten" im Kühlschrank und natürlich beim Reisen. Ich komme nicht nur mit vielen Souvenirs nach Hause, sondern mit Rezepten, Ideen und vielen neuen Inspirationen. Mit dem Kochbücherschreiben habe ich bereits während des Studiums begonnen, so habe ich viele Rezepte gesammelt. In diesem Kochbuch befinden sich die besten nochmals überarbeitet und viele neue dazu.

Ich liebe es, meine Freunde und Familie zu bekochen. Gesellig zusammensitzen, die Zeit genießen und dabei gute Musik hören lässt das Herz höherschlagen. Bereits Tage davor überlege ich mir, womit ich meine Gäste diesmal überraschen könnte. Manchmal muss es schneller gehen und ich bereite einfache Dinge zu. Wenn ich mir mehr Zeit lassen kann, experimentiere ich gerne. Es macht mir große Freude, wenn ich sehe, wie alle mit glücklich gefüllten Bäuchen und Inspirationen oder sogar Rezepten nach Hause gehen.

Kochen kann jeder!

In diesem Kochbuch dreht sich alles um die 10 beliebtesten und heimischen Gemüsesorten. Sie werden ins Zentrum gerückt und auf verschiedenste Weise zu köstlichen Gerichten verarbeitet. Die Rezepte sind vorwiegend schnell und einfach zuzubereiten und ohne viel Schnickschnack. Das Kochbuch soll zeigen, was für herrliche und vielfältige Gerichte aus Gemüse gezaubert werden können. Ich möchte zum Kochen und Experimentieren motivieren. Zeigen, dass man aus bereits wenigen Zutaten köstliche Gerichte zaubern kann und kein Haubenkoch sein muss. Trauen Sie sich darüber und kochen Sie drauflos. Seien Sie kreativ und kombinieren Sie nach Lust und Laune. Falls einmal etwas nicht gelingt, wie Sie es sich vorstellen, machen Sie sich nichts daraus. Wenn zum Beispiel etwas zu dunkel wurde, garniere ich es immer mit frischen Kräutern. Nicht verzagen, sondern weiter draufloskochen, beim nächsten Mal gelingt es bestimmt!

Ich habe einige Jahre mit der Food-Trend-Forscherin und Genussexpertin Hanni Rützler zusammengearbeitet. Unsere gemeinsamen Abende haben mich noch tiefer in die Welt der Sinneswahrnehmung geführt und mich gleich dort gelassen. So habe ich gelernt, mein Essen mehr mit meinen Sinnen wahrzunehmen. Essen ist so viel mehr als nur Nahrung für den Körper. Der Genuss und die Freude am Essen dürfen nicht vergessen werden. Dies versuche ich auch immer in meinen Kochkursen mit Begeisterung weiterzugeben.

Stöbern Sie durch das Buch, probieren Sie Neues aus, markieren Sie Ihre Lieblingsrezepte, seien Sie kreativ dabei und vergessen Sie nicht das Wichtigste: den Genuss — ob gemütlich alleine mit einem Glas Rotwein und der Lieblingszeitschrift oder gesellig im Kreise Ihrer Lieblingsmenschen.

Die 10 Gemüsestars

Quellenangaben siehe Impressum S. 264.

Vollkornpasta mit Gurken-Dill-Sauce (S. 88)

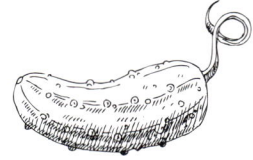

Gurke

Die Jahre, in denen Gurken nicht krumm sein durften und einer Norm entsprechen mussten, sind – Gott sei Dank – vorbei. Übrigens, wussten Sie, dass die Gurke ein Kürbisgewächs ist?

SAISON:

Juni—September

VIELFALT:

Im Wesentlichen erhalten wir im Supermarkt die Schlangengurke (umgangssprachlich auch Salatgurke genannt), die Feldgurke und auch Minigurken. Dabei ist die Gurken- und auch deren Geschmacksvielfalt viel größer. Kostet man sich durch all die Raritäten, erkennt man gleich, dass Gurke nicht geschmacklos und keineswegs grün sein muss. Marketmore 76, Tanja, Gergana, Miniature White, Ameliore Bourbonne – um nur einige wenige zu nennen – unterscheiden sich nicht nur in Farbe und Aussehen von der konventionellen Gurke, sondern auch im Geschmack. So schmeckt die Polignano-Gurke nicht nur melonenähnlich, sondern sieht auch so aus.

LAGERUNG:

Da die Gurke einen sehr hohen Wassergehalt hat, muss man sie vor dem Austrocknen schützen. Daher lagern Sie sie am besten in einem feuchten Tuch an einem kühlen Ort (aber nicht im Kühlschrank). So ist sie einige Tage haltbar und bleibt auch knackig.

Achten Sie beim Einkauf auch darauf, dass sie nicht welk ist und eine saftige grüne Farbe hat.

GESUNDHEITSCHECK:

Die Gurke besteht zu 97 % aus Wasser und ist daher besonders erfrischend an heißen Tagen. Jedoch ist dadurch der Nährstoffgehalt geringer als bei anderen Gemüsesorten. Dennoch steckt in ihr u. a. Calcium (Knochenaufbau, Nervensystem) und Zink (Erhaltung der Zellen, Immunsystem). Diese befinden sich direkt unter der Schale, daher die Gurke nicht schälen, sondern lediglich gründlich waschen.

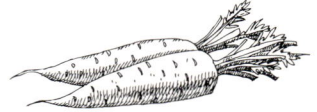

Karotte

Die Karotte zählt zu den weltweit wichtigsten Gemüsepflanzen. Da wir die Wurzel der Pflanze verzehren, wird sie auch Wurzelgemüse genannt.

SAISON:

Juni–September

In diesem Zeitraum sind auch die Frühlingskarotten samt Grün erhältlich. Da die Karotte wie die Kartoffel ein Lagergemüse ist, ist sie das ganze Jahr über aus Österreich erhältlich.

VIELFALT:

Die Karottenvielfalt ist sehr farbenfroh: vom typisch orangen Karottenton über gelb, violett, tiefrot bis zu weiß. Auch die Form ist sehr vielfältig, so muss eine Karotte nicht lang und dünn, sondern kann auch kurz und stumpf sein (Ochsenherz-Karotte). Doch im Wesentlichen können wir im Supermarkt klassisch orangefarbene Karotten kaufen. Wenn sie Saison haben, erhält man sie auch in Gelb und als Frühjahrskarotten mit dem Karottengrün. Dieses bitte nicht wegschmeißen, man kann es für Smoothies oder Salate verwenden.

Scharfer Karotten-Gnocchi-Eintopf mit weißen Bohnen (S. 211)

LAGERUNG:

Karotten im Plastiksackerl gekauft nehmen Sie am besten heraus und lagern sie in einem feuchten Tuch im Gemüsefach. Bei Frühlingskarotten das Grün gleich entfernen, da es der Wurzel Feuchtigkeit entzieht. Ist das Grün etwas welk geworden, können Sie die Karottenwurzel in ein Gefäß mit Wasser stellen.

GESUNDHEITSCHECK:

Karotten sind nicht nur gut für die Augen (Vitamin A), sondern auch reich an Calcium und Eisen (Blutbildung). Auch hier verstecken sich die wichtigen Vitamine und Mineralstoffe direkt unter der Schale, daher am besten Bio kaufen und mit Schale verzehren.

Ofenkarotten mit Brokkoli-Sellerie-Stampf und gerösteten Zwiebeln (S. 178)

Kartoffeln

Kartoffeln gehören weltweit zu den wichtigsten Grund-nahrungsmitteln. Gerade in Öster-reich, besonders im oberöster-reichischen Mühlviertel, sind sie nicht aus dem Speiseplan wegzudenken.

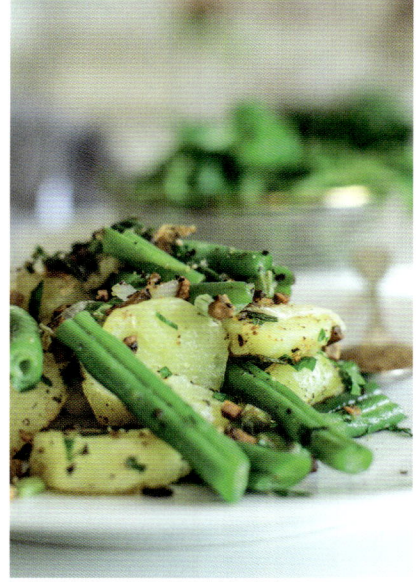

Kartoffelgröstl mit grünen Bohnen (S. 164)

SAISON:

Juni—Oktober

In diesem Zeitraum erhalten Sie auch Heurige (Frühkartoffeln). Da Kartoffeln zum Lager-gemüse zählen, sind sie das ganze Jahr über aus Österreich erhältlich.

VIELFALT:

Bei den Kartoffeln gibt es eine große Sortenvielfalt zu entdecken, von klassisch gelben über rote zu blauen.

Prinzipiell unterscheidet man speckige (auch fest-kochend genannt) und mehlige Kartoffel. Doch welche verwendet man für welches Gericht? *Speckige* eignen sich für alle Variationen von Kartoffelbeilagen wie Salat-, Petersilien- oder Röstkartoffeln. Aber auch für Gröstl, Gulasch oder Chips, da sie nicht so schnell zerfallen. *Mehlige* sind weicher und eignen sich für Pürees oder Kartoffelteig. Dazwischen gibt es noch *vorwiegend festkochende*,

sie sind etwas weicher als die speckigen, aber zerfallen nicht so schnell. So sind diese für Suppen, aber auch Eintöpfe ge-eignet. Mehlige Kartoffeln sind nicht immer er-hältlich. Falls Sie keine erhalten, greifen Sie zu vorwiegend fest-kochenden.

In Österreich wird auch die Süßkartoffel immer bekannter und beliebter. Sie stammt ursprünglich aus Südamerika und ist eigentlich nicht mit der Kartoffel verwandt. Dennoch kann man sie wie heimische Kartoffeln zubereiten (Achtung, Kochdauer ist etwas kür-zer) und diese auch durch Süßkartoffeln ersetzen.

LAGERUNG:

Lagern Sie die Kartoffeln in einem dunklen, trockenen und luftigen Raum. Ideal wäre der Keller bzw. bei 4—7 °C, so treiben sie nicht so schnell aus und sind am längsten haltbar.

GESUNDHEITSCHECK:

Kartoffeln sind auch als Schlankmacher bekannt, da sie sättigen, aber nicht sehr kalorienreich sind. Sie enthalten wenig Fett, dafür aber viel Wasser. Hauptbestandteil ist die Stärke. Die Schale der Kartoffeln ist reich an Ballaststoffen. Wenn Sie Bio-Kartoffeln kaufen, essen Sie die Schale mit. Zudem haben sie einen hohen Gehalt an Kalium (Muskelkontraktion, Nervensystem), Mag-nesium (Muskel-kontraktion, Verdauung) und Vitamin C (anti-oxidativer Stress, Immunsystem). Um nicht zu viele Nährstoffe zu verlieren, sollten die Kartoffeln mit Schale gekocht und auch die Kochdauer minimal gehalten werden.

Kohlsprossen mit Butterbröseln, dazu Chicoréesalat mit Gorgonzola-Dressing (S. 77)

Kohl

Kohl wurde in den letzten Jahren immer beliebter. So ist er heute nicht mehr als Arme- leuteessen bekannt, sondern wird sogar als Superfood hochgepriesen.

SAISON:

Chinakohl:
August—September

Karfiol:
Mai—Oktober

Kohlsprossen:
September—Februar

Wirsing:
Juni—November

Auch Kohl ist ein Lager- gemüse und ist so bis Februar aus Österreich erhältlich.

VIELFALT:

Wie man schon anhand des Saisonkalenders se- hen kann, ist die Viel- falt der Kohlgewächse mit rund 30 Arten sehr groß. Im engeren Sinn ist bei Kohl Grünkohl oder Wirsing gemeint. Jedoch ist streng genommen auch Kraut wie Weiß- oder Blaukraut ein Kohl- gewächs, in Österreich wird jedoch bei Statis- tiken zum beliebtesten Gemüse zwischen Kraut und Kohl unterschie- den. Um auch ein wenig die Vielfalt des Kohles aufzunehmen, habe ich mich dafür entschieden, nicht nur Wirsing in die Kategorie Kohl aufzu- nehmen. Daher gibt es auch Rezepte mit Karfiol, Chinakohl und Kohl- sprossen.

Beim Kohlgewächs unterscheidet man u. a. zwischen Stammkohl (wie Kohlrabi), Kopfkohl (wie Rotkohl — bei uns Blaukraut genannt), Blütenstandskohl (wie Karfiol) und natürlich Rosenkohl (Kohlspros- sen). Der Kohl kann wie andere Gemüsesorten ebenso farbenfroh sein: Der Grünkohl ist nicht nur in Grün erhältlich, sondern auch in Rot. Und Kohlrabi gibt es auch in Violett.

LAGERUNG:

Kohlgewächse sind ein- gewickelt in einem feuch- ten Tuch rund 1 Woche im Kühlschrank haltbar. Beim Kohlrabi am besten die Blätter wegschneiden, da sie der Knolle — wie bei den Karotten — die Feuchtigkeit entziehen. Die Blätter können Sie klein schneiden und für Salate, Gemüsetöpfe oder Suppen verwenden.

GESUNDHEITSCHECK:

Der Kohl ist reich an wichtigen Nährstoffen: er liefert nicht nur für die Augen wichtiges Vitamin A, sondern auch Vitamin C. Zudem ist er reich an Ballaststoffen, die sich positiv auf die Verdauung auswirken.

Kraut

Kraut gehört im engeren Sinne zu den Kohlgewächsen. Bei uns besonders beliebt ist Weiß- und Blaukraut.

One-Pot-Risotto mit Rollgerste und Blaukraut (S. 201)

Blaukraut-Apfel-Kipferl (S. 34)

SAISON:

Juni–Oktober

Da es sich auch hier um ein Lagergemüse handelt, ist es bis Februar aus Österreich erhältlich.

VIELFALT:

Im Wesentlichen unterscheidet man zwischen Weiß-, Spitz-, Früh- und Blaukraut.

LAGERUNG:

Optimal wird das Kraut in kühlen, trockenen und dunklen Räumen gelagert. Auch im Kühlschrank hält es sich in der Gemüselade für ein paar Wochen, bevor es welk wird.

GESUNDHEITSCHECK:

Kraut ist wie das restliche Kohlgemüse sehr reich an Vitamin C und Ballaststoffen. Zudem ist es reich an Calcium und Magnesium.

Crêpes mit gegrillten Paprikastreifen
und Radieschen (S. 163)

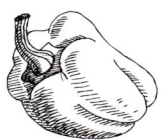

Paprika

>Paprika< ist eigentlich
ein Überbegriff für
verschiedene Beerenfrüchte
der Nachtschattengewächse
Capsicum annuum. So
zählen hierzu nicht nur die
konventionellen Gemüse-
paprika, sondern u. a.
auch Pfefferoni, Chili und
Peperoni, die als Gewürz
verwendet werden.

SAISON:

Juni—Oktober

Österreichischer Paprika
ist von Februar—Mai als
Glashausware erhältlich.

VIELFALT:

In den Supermärkten
erhält man Gemüse-
paprika oval in Grün,
Gelb, Orange und Rot.
Dass Paprika nicht
immer oval sein muss,
zeigt der Spitzpaprika.
Doch er kann auch auf
den ersten Blick wie
eine Tomate aussehen:
rund und flachbauchig.
Geschmacklich sind
sie meistens süß und
aromatisch. Nicht nur
der Geschmack und die
Farbe machen Lust auf
all die unterschiedlichen
Paprikavarianten, son-
dern auch die Namen
verführen: Sweet Choco-
late, Dulce Italiano oder
Korosko.

LAGERUNG:

Lagern Sie die Paprika
im Gemüsefach im Kühl-
schrank, so sind sie
einige Tage haltbar und
der Verlust an Vitamin C
ist am geringsten.

GESUNDHEITSCHECK:

Paprika haben einen
sehr hohen Vitamin-C-
Gehalt. Orange- und rot-
farbene haben zudem
auch einen hohen Gehalt
an Betacarotin (Vorstufe
von Vitamin A).

Gegrillte Paprika-Ziegenkäse-
Quiche (S. 140)

Pilze

Kulinarisch werden die Pilze zum Gemüse gezählt, botanisch gesehen ist das aber nicht ganz richtig. Im Gegensatz zu Pflanzen haben sie keine Photosynthese und bestehen überwiegend aus Chitin (kommt im Pflanzenreich nicht vor). Daher werden sie zwischen Pflanzen und Tieren eingeordnet.

SAISON:

Jänner–Dezember

Die meisten Speisepilze sind Wildpilze, gezüchtet werden lediglich Champignons, Austern- und Shiitakepilze. Daher sind diese auch das ganze Jahr über erhältlich. Saisonale Wildpilze wie Pfifferlinge oder Steinpilze gibt es im Sommer und Herbst.

VIELFALT:

Die Vielfalt an Pilzen ist enorm: Röhrenpilze wie Steinpilze sind meist groß und dickfleischig. Blätterpilze wie Champignons oder Parasol haben Lamellen an der Hutunterseite. Pifferlinge gehören zu den Leistenpilzen, hier geht der Stiel des Fruchtkörpers ohne sichtbaren Ansatz in den Hut über.

LAGERUNG:

Frische Pilze verderben sehr schnell, darum kaufen Sie am besten nur die Menge, die Sie auch wirklich brauchen. In ein feuchtes Tuch gewickelt halten sie maximal 2 Tage im Kühlschrank. Pilzgerichte dürfen wieder aufgewärmt werden, jedoch müssen sie nach der Zubereitung rasch abgekühlt und im Kühlschrank aufbewahrt werden. Wenn Sie zu viele Pilze gekauft oder gesammelt haben, frieren Sie diese ein, so sind sie mehrere Monate haltbar.

GESUNDHEITSCHECK:

Speisepilze haben einen sehr hohen Wassergehalt und sind daher arm an Fett und Kohlenhydraten. Sie enthalten nicht nur viele wichtige Aminosäuren (Bestandteil von Eiweiß) und Ballaststoffe, sondern auch Mineralstoffe wie Eisen. Pilze gehören zu den schwerer verdaulichen Gemüsesorten. Sie enthalten Chitin, das vom Körper nur schwer verarbeitet werden kann.

Frittata mit Pfifferlingen und Salbei (S. 166)

Cremespinat mit pochiertem Ei und Süßkartoffel-Wedges (S. 100)

Spinat

Spinat gehört zu den Blattgemüsen und wird weltweit in vielen Sorten kultiviert. Bei uns ist er hauptsächlich als Tiefkühlware erhältlich.

SAISON:

April–November

bzw. als Tiefkühlware (Blatt- oder Cremespinat) das ganze Jahr

VIELFALT:

Spinat ist glatt- oder krausblättrig erhältlich. Frisch kann man Spinat ausgewachsen in größeren Blättern kaufen oder als Babyspinat.

Mangold sieht Spinat zwar ähnlich, gehört aber zur Familie der Rüben. Die Verwendung von Mangold und Spinat ist aber weitgehend die gleiche.

LAGERUNG:

Frischer Spinat wird am besten in ein feuchtes Tuch eingeschlagen im Gemüsefach gelagert. Jedoch verliert er rasch an wichtigen Nährstoffen.

GESUNDHEITSCHECK:

Spinat ist kalorienarm und hat einen sehr hohen Gehalt an Vitaminen (wie Vitamin C und B-Vitamine) und Mineralstoffen (wie Magnesium und Eisen). Jedoch ist der Eisengehalt von Spinat für den Körper schwer verfügbar, weil der Inhaltsstoff Oxalsäure die Aufnahme von Eisen verringert.

Tomate

Tomaten gehören wie Paprika zu den Nachtschattengewächsen und stammen ursprünglich wahrscheinlich aus Peru und Ecuador.

Tomatenpfanne mit Vogerlsalat, Kichererbsen und Ei (S. 215)

SAISON:

Juni–Oktober

Tomaten aus Österreich sind bereits im Frühjahr von März–Mai erhältlich, jedoch handelt es sich wie bei Paprika um Glashausware und der Geschmack ist nicht mal annähernd so aromatisch wie bei Sommertomaten.

VIELFALT:

Wenn man das Wort „Tomate" hört, denkt man gleich an eine große, pralle, rote, saftige Tomate. Doch gibt es noch viel mehr unterschiedliche Raritäten zu entdecken, weltweit sogar mehr als 2.000 Sorten. Die Farbenvielfalt ist groß von rot, gelb, orange bis hin zu grün, schwarz und mehrfärbig. Auch die Form ist unterschiedlich:

Es gibt sie klein und rund (Cherrytomate), länglich (Romatomate), oval (Eiertomate) oder sehr groß (Fleischtomate). Eine interessante Form ist die hohle Paprikatomate. Auch in Österreich werden immer mehr Sorten gezüchtet: Black Cherry mit ihrem würzigen Aroma, Green Zebra grün-gelb gestreift und German Gold mit ihrer flachrunden Form — um hier nur ein paar wenige von vielen zu nennen.

LAGERUNG:

Tomaten sollten bei Raumtemperatur und dunkel gelagert werden. So halten sie sich bis zu 1 Woche.

GESUNDHEITSCHECK:

Tomaten haben einen sehr hohen Vitamin-C-Gehalt, 100 g rohe Tomaten liefern bereits ein Viertel des täglichen Bedarfs.

Ratatouille-Gratin aus dem Ofen (S. 204)

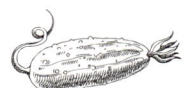

Zucchini

Wussten Sie, dass die Zucchini eigentlich eine Zuchtform des Speise-kürbisses ist?

SAISON:

Juni–Oktober

VIELFALT:

Die dunkelgrüne, längliche Zucchini mit glatter Schale ist die bekannteste und in jedem Supermarkt groß und klein erhältlich. Doch es gibt noch weitaus mehr Farben und Formen zu entdecken. Die Gold Rush mit ihrer gelben Farbe, die Soleil mit ihrer goldgelben Farbe und ihrem aromatischen, zarten Geschmack und die Coucourzelle in Cremeweiß-Gelbgrün. Zudem gibt es die Zucchini auch in kleiner Kürbisform. Eine besondere Delikatesse ist die Zucchiniblüte (z. B. gefüllt mit Ricotta).

Zucchini-Soufflés (S. 63)

LAGERUNG:

Zucchini sind für einige Tage lagerbar, am besten in einem dunklen, kühlen Raum. Da sie aber kälteempfindlich sind, ist eine Temperatur unter 8 °C (wie im Kühlschrank) nicht geeignet.

GESUNDHEITSCHECK:

Zucchini sind wie viele andere Gemüsesorten kalorienarm. Zudem liefern sie wichtige Vitamine (wie Vitamin C und Betacarotin) und Mineralstoffe (wie Magnesium und Eisen).

Zero Food Waste
LEBENSMITTEL SIND WERTVOLL

Essen ist lebensnotwendig, dennoch ist es mehr als nur ein physiologischer Vorgang des Körpers. Essen ist Genuss und Freude. Heutzutage leben wir im Lebensmittelüberfluss, wir können entscheiden, was wir essen wollen. Doch viel mehr sollten wir uns damit beschäftigen, was wir nicht essen bzw. was im Müll landet.

In Österreichs Haushalten werden rund 157.000 Tonnen verpackte und unverpackte Lebensmittel weggeworfen. Und das pro Jahr! Pro Kopf werden jährlich 40 kg noch genießbare Lebensmittel in den Müll geworfen. Würde man sorgfältiger mit den Lebensmitteln umgehen und besser planen, würde jeder Haushalt 300 Euro pro Jahr sparen. Die häufigsten Gründe sind nicht nur eine falsche Planung von Einkauf oder Mahlzeiten, sondern auch eine übertriebene Vorsicht beim *Mindesthaltbarkeitsdatum (MHD)*. Ein abgelaufenes MHD heißt nicht zwingend, dass das Lebensmittel auch wirklich schlecht ist. Viele Sachen halten sich noch einige Tage, manchmal sogar Wochen, darüber hinaus. Bevor Sie sie ungeöffnet wegschmeißen, riechen Sie daran, verlassen Sie sich auf Ihr Auge und Ihre Nase. Vieles ist noch genießbar.

Knapp 50 % der weggeworfenen Lebensmittel sind Obst und Gemüse sowie Brot und Backwaren. Durch geplanten Einkauf und die richtige Lagerung können Lebensmittelabfälle vermieden werden. Werfen Sie vor dem Einkaufen immer einen Blick in den Kühlschrank: Welche Reste haben Sie, was können Sie daraus machen? Müssen Sie wirklich einkaufen gehen oder lässt sich aus den Resten ein tolles Gericht (z. B. Quiche oder Strudel) zaubern? Brauchen Sie wirklich noch mehr Eier, Tomaten oder Äpfel?

Viele Lebensmittel verderben, weil sie nicht richtig gelagert wurden. Geöffnete Lebensmittel sollten immer rasch verbraucht werden und halten länger, wenn Sie diese in einen gut verschließbaren Behälter (z. B. Marmeladeglas) geben.

Die Haltbarkeit ist auch vom Ort der *Lagerung im Kühlschrank* abhängig. Da Wärme steigt, ist es oben im Kühlschrank am wärmsten und unten am kühlsten.

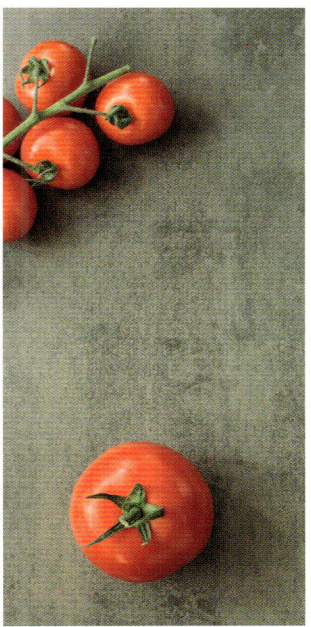

Selbstgekochtes und Milchprodukte wie Joghurt, Sauerrahm und Käse lagern Sie am besten oben im Kühlschrank.

Fleisch, Fisch und Wurst sind sehr empfindlich und sollten gut verpackt an der kältesten Stelle des Kühlschranks gelagert werden, also in der Mitte bzw. unten.

Ins Gemüsefach gehören *Gemüse und Obst.*

An der Kühlschranktür lagern Sie am besten *Getränke, Butter und Eier* — diese brauchen es nicht so kalt.

Richtige Lagerung von Obst und Gemüse

Achtung, nicht jede Obst- und Gemüsesorte ist kälteverträglich und sollte somit außerhalb des Kühlschranks gelagert werden.

Für den Kühlschrank geeignet:	**Nicht für den Kühlschrank geeignet:**
Beeren – diese haben nur eine kurze Haltbarkeit und sollten idealerweise spätestens am nächsten Tag verzehrt werden.	**Äpfel, Birnen**
Brokkoli	**Melanzani**
Frühlingszwiebeln	**Avocados** – am besten getrennt von anderen Obstsorten, da sie sonst sehr schnell nachreifen
Grüne Bohnen	**Bananen**
Ingwer – in Butterpapier eingewickelt	**Gurken**
Karfiol	**Kartoffeln**
Karotten	**Knoblauch, Zwiebel** – kühl, trocken und dunkel lagern.
Kirschen	**Mandarinen, Orangen**
Lauch	**Mangos**
Pilze	**Tomaten**
Radieschen – das Grün am besten gleich entfernen, da es den Radieschen Feuchtigkeit entzieht.	
Salate	
Spargel	
Zitronen	
Zucchini	

Am besten lagern Sie das Gemüse in ein feuchtes Tuch eingewickelt und nicht in Plastik.

Brot lagern Sie am besten in einer Brotbox oder in einem Stoffsackerl. Wenn Sie zu viel Brot gekauft oder gebacken haben, schneiden Sie es in Scheiben und frieren Sie es portioniert ein. Altes Brot kann zu Semmelwürfeln verarbeitet werden. Hartes Brot, zu kleinen Würfeln geschnitten, wird zu einer köstlichen Suppeneinlage. Es kann sich mit Flüssigkeit ansaugen und wird wieder weich.

Köstlichkeiten aus „Leftovers"

Ist Ihnen vom Vortag Gemüse übrig geblieben? In vielen Rezepten können Sie das Gemüse durch ein anderes austauschen. Mit Bulgur, Couscous, Kartoffeln, Hirse, Reis oder auch Nudeln können Sie schmackhafte Pfannengerichte zubereiten. Oder wie wär's mit einem Eintopf?

Lassen Sie Ihrer Fantasie freien Lauf, schmeißen Sie alles in einen Topf, was Sie mögen, und probieren Sie Neues aus. Vielleicht kreieren Sie dabei Ihr neues Lieblingsgericht.

Bereits gekochte Gerichte halten sich im Kühlschrank gut verpackt für 2—3 Tage. Sie müssen Reste nicht immer gleich wegschmeißen, genießen Sie sie am nächsten Tag nochmals und nehmen Sie sie in die Arbeit mit.

Tiefkühlvorrat

Frieren Sie Gerichte ein, wenn Sie zu viel gekocht haben. Wenn Sie zu viel Gemüse im Kühlschrank haben, schneiden Sie es klein, verkochen Sie es und frieren Sie es ein. So haben Sie immer einen schnellen Vorrat zu Hause. Zudem können Sie so auch größere Packungen kaufen oder bei Aktionen zuschlagen und dabei Geld sparen, ohne Lebensmittel wegzuwerfen.

Paprika-Zucchini-Schnecken (S. 54)

Wissenswertes

Germteig, den mach ich gern. Ob Sie frische oder Trockengerm verwenden, hat keinen Einfluss auf das Backergebnis. Beide Teige gehen gleich gut auf. Trockengerm ist einfacher zuzubereiten, Sie brauchen sie nur mit den trockenen Zutaten vermengen, die feuchten Zutaten hinzugeben und zu einem glatten Teig verkneten. Mit Trockengerm müssen Sie kein Dampfl bzw. keinen Vorteig zubereiten. Wenn Sie gerne den Germgeschmack mögen, dann verwenden Sie frische Germ. Die Mindesthaltbarkeit von Trockengerm ist deutlich länger als von frischer.

Koch-/Backzeit: Die Kochzeit ist abhängig von der Art des Herdes, ob mit Induktion, Gas oder E-Herd gekocht wird. Auch jeder Backofen ist unterschiedlich, deshalb kann die Backzeit sehr variieren. Lassen Sie daher Ihre Backwaren nie unbeaufsichtigt und stellen Sie die Küchenuhr auf rund 5–10 Minuten weniger als im Rezept angegeben. Rund 15 Minuten, bevor der Teig in den Ofen geschoben wird, sollten Sie das Rohr vorheizen.

Klare Gemüsesuppe: In einigen Rezepten verwende ich klare Gemüsesuppe, um die Gerichte noch schmackhafter zu machen. Sie brauchen dafür nur heißes Wasser mit Suppenwürze verrühren. Alternativ können Sie nur Wasser verwenden und anschließend das Gericht kräftiger würzen.

Kräuter und Gewürze dürfen in der Küche nicht fehlen, sie geben jedem Gericht das gewisse Extra. Mein Küchenregal platzt aus den Nähten und es kommen immer mehr dazu. Besonders liebe ich es, am Markt zu schlendern, unbekannte Gewürze zu kaufen und mit ihnen zu experimentieren. So kann ein und dasselbe Gericht mit unterschiedlichen Gewürzen und Kräutern ganz anders schmecken. Verwenden Sie anstatt herkömmlichem Basilikum Thai-Basilikum oder Oregano, anstatt Rosmarin Thymian oder anstatt Petersilie Koriander.

Nichts geht über frische Kräuter, sie sind am aromatischsten und lassen als Garnitur jedes Gericht glänzen. Am Ende des Sommers schneide ich meine Küchenkräuter klein und friere sie ein. So habe ich auch im Winter frische Kräuter. Ansonsten verwende ich getrocknete Kräuter. Durch eine luftdichte und dunkle Verpackung wird das Aroma möglichst lange gehalten.

Maßeinheiten:

1 EL entspricht:

Butter ca. 15–20 g

Getreideflocken ca. 10 g

Honig ca. 20 g

Mehl ca. 20 g

Öl ca. 8–10 g

Reis ca. 20 g

Schlagobers ca. 15 g

Semmelbrösel ca. 15 g

Sesam ca. 20 g

Kerne ca. 20 g

Zucker ca. 10 g

Obst und Gemüse sollen vor dem Verzehr bzw. Verarbeiten immer gut gewaschen werden. Greifen Sie zu saisonalem und regionalem Obst und Gemüse. Der Transportweg ist kurz, es ist umweltschonend und besser im Geschmack, da es reif geerntet wird. Wählen Sie nach Möglichkeit *Bioprodukte*, diese können Sie mit der Schale essen und Sie verlieren dadurch keine wichtigen Nährstoffe. Zudem sparen Sie bei der Zubereitung Zeit, da sie nur gewaschen, aber nicht geschält werden müssen.

Portionsangaben: Die meisten Rezepte sind für 4 Personen. Da wir alle individuell sind und unterschiedlich viel essen, ist dies nur ein Richtwert. Manchmal hat man viel Hunger, manchmal weniger. Falls Sie einmal viel Hunger haben, servieren Sie dazu Brot. Wenn Ihnen etwas übrig geblieben ist, dann lassen Sie es abkühlen und bewahren Sie es luftdicht verpackt im Kühlschrank auf oder frieren Sie es ein.

Tiefkühlgemüse ist im Winter eine tolle Alternative zu frischem Gemüse, besonders wenn man gerne heimisches verkocht. Es kann genauso wie frisches verwendet werden und ist zudem auch noch einfacher in der Zubereitung, weil es nicht mehr geschnitten oder gewaschen werden muss. Zudem ist es besser als sein Ruf: Tiefgefrieren ist ein sehr schonendes Verfahren und der Nährstoffgehalt bleibt weitgehend erhalten. Es wird sofort nach der Ernte verarbeitet und rasch eingefroren, so ist die Qualität annähernd gleich wie bei frischem Gemüse.

Gemüse vom Feld, das innerhalb kürzester Zeit verkocht wird, hat natürlich einen höheren Nährstoffgehalt. Aber manchmal braucht es Tage vom Feld in den Supermarkt. Auch dort kann es einige Tage liegen. All dies trägt zu einem Nährstoffverlust bei.

Hobbykoch ★
einfach

Ambitionierter Hobbykoch ⁑
leicht fortgeschritten

Leidenschaftlicher Hobbykoch ⁂
eher aufwändig

Cremige Polenta mit Blattspinat und glasierter Rosinen-Nuss-Mischung (S. 70)

Snacks und kleine Gerichte

Die Rezepte in diesem Kapitel sind nicht nur für kleine, leichte Mahlzeiten geeignet, sondern auch sehr gut als Vorspeise oder Happen für gemütliche Abende mit Freunden. Reichen Sie die Gerichte zum Beispiel als tolles Fingerfood bei der nächsten Party. Oder packen Sie sie für das nächste Picknick im Freien ein.

Variationen

Verwenden Sie anstatt Apfel Birne. • Schmeckt auch sehr gut mit Plunder- anstatt Blätterteig. • Sie können das Ei auch mit Wasser anstatt Milch verquirlen.

Blaukraut-Apfel-Kipferl

10—12 KIPFERL (ABHÄNGIG VON GRÖSSE DES BLÄTTERTEIGES)

2 Pkg. Blätterteig	1 TL Mehl
275 g Blaukraut	1 EL weißer Balsamico
1 EL Butter	Salz, Pfeffer
1 TL brauner Zucker	1 Ei zum Bepinseln
1 Stange Zimt	1 EL Milch
1 Schuss Rotwein	1 TL schwarzer Sesam
1 Apfel	

1. Blätterteig aus dem Kühlschrank nehmen und den Backofen auf 175 °C (Ober- und Unterhitze) bzw. laut Verpackungsangabe vorheizen.

2. Blaukraut putzen, den Strunk entfernen und das Kraut in feine Streifen schneiden. In einem großen Topf Butter zergehen lassen, Zucker einstreuen und für 1–2 Minuten karamellisieren lassen. Blaukraut und Zimtstange hinzugeben, mit Wein und 350 ml Wasser ablöschen. Für rund 15 Minuten köcheln lassen, bis das Blaukraut weich ist. Bei Bedarf noch etwas Wasser hinzugeben.

3. In der Zwischenzeit Apfel waschen, in Spalten schneiden und fein raspeln. Blaukraut mit Mehl bestäuben, gut umrühren und Apfelraspel sowie Balsamico beimengen. Mit Salz und Pfeffer abschmecken.

4. Blätterteige ausrollen und jeweils in 5–6 Dreiecke schneiden. Am unteren Teigrand jeweils 2 TL Füllung darauflegen und die Längsseite etwas einschneiden. Aufrollen, an den Enden sanft zusammendrücken und zu Kipferln formen.

5. Kipferl vorsichtig auf ein mit Backpapier belegtes Backblech legen. Ei mit Milch verquirlen, die Kipferl bestreichen und mit Sesam bestreuen. Im Ofen für 15–20 Minuten backen.

Kohl

Bereiten Sie aus dem restlichen Kohl einen Eintopf (S. 108) oder ein Curry (S. 192) zu.

Bruschetta
mit Wirsingchips und karamellisierten Walnüssen

8 BRUSCHETTE

Wirsingchips:	1/2 TL Salz
6 große Blätter Wirsing (ca. 400 g)	**25 g Walnüsse**
2 EL Pflanzenöl	**1 EL Zucker**
1 TL süßes oder scharfes Paprikapulver + etwas mehr	**1 TL Butter**
	1 Ciabatta
	etwas Tomatenmark

1. Backofen auf 140°C (Unter- und Oberhitze) vorheizen.

2. Wirsingblätter waschen, sorgfältig trocken schütteln und den Strunk herausschneiden. Die Blätter in Stücke reißen. In einer Schüssel Öl mit Paprikapulver und Salz vermengen, Wirsing hinzugeben und alles gut vermischen. Auf ein mit Backpapier belegtes Backblech legen und für ca. 20—30 Minuten backen.

3. In der Zwischenzeit Walnüsse grob hacken. Zucker in einem Topf stark erhitzen. Sobald er braun ist, die Nüsse hinzugeben und gut schwenken. Butter beimengen und gut umrühren. Alles auf Backpapier oder eingefettete Alufolie verteilen, sodass es nicht zusammenklebt. Abkühlen lassen.

4. Ciabatta in Scheiben schneiden und toasten. Jede Scheibe mit etwas Tomatenmark bestreichen, mit Wirsingchips und karamellisierten Nüssen belegen und mit etwas Paprikapulver bestäuben. Als Vorspeise oder Snack zwischendurch servieren und genießen.

Tipp

Der Salat eignet sich auch sehr gut für unterwegs.

Variationen

Verfeinern Sie den Salat vor dem Verzehr noch mit Rucola oder Babyspinatsalat. • Als Hauptspeise servieren Sie ofenfrisches Kräuterbrot oder Baguette dazu. • Probieren Sie den Salat auch mit Heidelbeeren oder Granatapfelkernen.

Caprese-Salat
mit Beeren

4 PORTIONEN

100 g Erdbeeren
300 g Cocktailtomaten
100 g Brombeeren
2 Pkg. Mozzarellakugeln
2 EL Himbeeressig
2 EL Olivenöl
Kräutersalz, Pfeffer
3 EL gehacktes frisches Basilikum

1. Das Grün der Erdbeeren entfernen. Tomaten und Erdbeeren waschen und halbieren bzw. vierteln. Gemeinsam mit gewaschenen Brombeeren und Mozzarellakugeln in eine Schüssel geben. Mit Essig, Öl, Salz und Pfeffer abschmecken. Zuletzt gehackte Basilikumblätter unterheben.

2. Servieren und genießen.

Kohl

Tipp

Füllen Sie die Sauce heiß in ein steriles Glas, so ist sie für 1–2 Wochen im Kühlschrank haltbar. Schmeckt sehr gut zu asiatischen Nudeln oder zu Burger. Sie können die Sauce auch für den chinesischen Nudelsalat verwenden (S. 68).

Vorbereitungs TIPP

Bereiten Sie die Sauce bereits am Vortag vor. Auch den China-kohl können Sie nach Bedarf vorbereiten und kurz vor dem Servieren nochmals anbraten.

Gebratener Chinakohl
süß-sauer

8 PORTIONEN ALS KLEINES GERICHT

Sauce:	3 EL Weißweinessig
3 Knoblauchzehen	1/2 TL Speisestärke
1 Dose gewürfelte Ananas (ca. 560 g)	1 kleiner Chinakohl (ca. 700 g)
1 kleines Stück Ingwer (ca. 3 cm)	3 EL Sesamöl
50 g Rohrzucker	1/2 EL Sesamsamen
150 ml Chiliketchup	

1. Knoblauch schälen und pressen. Den Ananassaft abseihen und 150 ml davon in einen Topf geben. 100 g Ananas hinzugeben. Ingwer schälen und sehr fein hacken. Alles gemeinsam mit Zucker, Ketchup und Essig zum Kochen bringen und für 2 Minuten köcheln lassen.

2. Speisestärke mit 3 EL Wasser in einem Glas verrühren. Zu der Sauce hinzugeben und sorgfältig einrühren.

3. Die äußeren Blätter des Chinakohls entfernen und anschließend vierteln. In einer Pfanne Sesamöl erhitzen und Kohlblätter auf beiden Seiten anrösten. Mit Sauce übergießen und bei milder Hitze ziehen lassen.

4. In der Zwischenzeit Sesamsamen in einer Pfanne ohne Fett anrösten.

5. Chinakohl anrichten und mit gerösteten Sesamsamen bestreut servieren.

Pilze

Tipp

Falls Sie keine großen Champignons erhalten, verwenden Sie mehrere kleine. Probieren Sie das Gericht mal mit Thai-Basilikum.

Gefüllte Champignons
mediterran

8 GEFÜLLTE CHAMPIGNONS

8 große Champignons	**2 Tomaten**
1 kleine Zwiebel	**1/2 kleiner Bund Basilikum**
2 Knoblauchzehen	**Salz, Pfeffer**
1 EL Olivenöl + etwas mehr	**100 g Mozzarella**

1. Backofen auf 175 °C (Ober- und Unterhitze) vorheizen.

2. Champignons putzen und mit einem kleinen scharfen Messer den Strunk vorsichtig herausschneiden. Mit einem Löffel die Champignons noch ein wenig auskratzen, sodass im Hut eine Vertiefung entsteht. Die Champignonköpfe außen ein wenig einfetten und in eine geölte ofenfeste Form setzen. Das Champignonfleisch fein schneiden.

3. Zwiebel und Knoblauch schälen und feinwürfelig hacken. In einer Pfanne in erhitztem Öl glasig dünsten. Tomaten waschen und ebenso würfeln. Gemeinsam mit dem Champignonfleisch in die Pfanne geben und für 2 Minuten anbraten. Mit Salz und Pfeffer abschmecken und vom Herd nehmen.

4. Basilikum waschen, trocken schütteln und 8 kleine Basilikumblätter beiseitelegen, die restlichen in feine Streifen schneiden. Mozzarella würfeln und gemeinsam mit Basilikum in die Tomatenmasse rühren.

5. Champignons mit der Tomaten-Mozzarella-Masse füllen und im Ofen für 10–15 Minuten backen.

6. Gefüllte Champignons auf Tellern mit den Basilikumblättern garnieren. Schmeckt als kleines Gericht, Vorspeise oder Partysnack. Als Hauptspeise servieren Sie dazu Reis oder Brot.

Gemüsechips

Ofen-Kartoffelchips

500 g Kartoffeln
2–3 EL Sonnenblumenöl
Salz, Pfeffer

1. Backofen auf 150 °C (Umluft) vorheizen.

2. Kartoffeln schälen und in der Mitte halbieren. Mit einem Gemüseschäler oder einem Hobel dünne Scheiben hobeln – sie sollten alle gleich dünn sein, damit die Backdauer bei allen gleich bleibt. In eine Schüssel geben und mit Öl, Salz und Pfeffer gut vermischen.

3. Backpapier mit den Kartoffelscheiben auf das Kuchengitter geben und im Ofen für rund 15 Minuten backen. Dabei immer wieder kontrollieren, ob sie nicht verbrennen.

4. Herausnehmen und auskühlen lassen.

Variationen: Verfeinern Sie Ihre Kartoffelchips noch mit Gewürzen wie Paprikapulver, Rosmarin oder Curry. Schmeckt auch sehr gut mit Süßkartoffeln.

Chili-Karottenchips

250 g Karotten
1–2 EL Sonnenblumenöl
1/2–1 TL Chilipulver bzw. -flocken

1. Backofen auf 150 °C (Umluft) vorheizen.

2. Karotten schälen und in feine runde Scheiben schneiden. In einer Schüssel mit Öl und Chilipulver gut vermischen. Auf ein mit Backpapier belegtes Kuchengitter legen und im Ofen für rund 10 Minuten backen. Dabei immer wieder kontrollieren, ob sie nicht verbrennen.

3. Herausnehmen und auskühlen lassen.

Tipp: Dazu schmeckt sehr gut ein Kräuter-Topfen-Dip: Topfen mit etwas Joghurt glattrühren und mit gehackten Kräutern nach Wahl vermengen.

Kräuter-Zucchinichips

1 Zucchini (ca. 350 g)
1/2 EL Olivenöl
1 EL Salatkräuter-Gewürz
1/2 TL Salz

1. Backofen auf 150 °C (Umluft) vorheizen.

2. Zucchini waschen und trocken reiben. In sehr feine Scheiben hobeln und in einer Schüssel mit Olivenöl, Salatkräuter-Gewürz und Salz vermengen. Auf ein mit Backpapier belegtes Kuchengitter legen und für rund 10 Minuten backen. Dabei immer wieder kontrollieren, ob sie nicht verbrennen.

3. Herausnehmen und auskühlen lassen.

Tipp: Schmeckt auch sehr gut mit Parmesan bestreut.

Aufbewahrungstipp: Die Chips schmecken am besten frisch. Sie können diese aber auch für ein paar Tage in einem luftdicht verschlossenen Behälter lagern und nochmals erneut mit etwas Öl im Backofen backen.

Healthy TIPP

Verwenden Sie Magertopfen anstatt Frischkäse.

No Food WASTE

Das Karottengrün können Sie für Smoothies (S. 174) oder Pestos (S. 181) verwenden.

Glasierte Karotten
mit Meerrettich-Frischkäse-Dip

5—6 PORTIONEN

1 Bund Bio-Frühlingskarotten

2 EL Butter

2 EL Honig

1/2 Bund Schnittlauch

350 g Frischkäse

2–3 TL geriebener frischer Meerrettich

Salz, Pfeffer

1. Das Grün der Karotten vorwiegend wegschneiden und die Karotten der Länge nach halbieren. In einer großen Pfanne Butter erhitzen, Honig hinzugeben und die Karotten hineinlegen. Zudecken und für 15–20 Minuten dünsten. Gegebenenfalls etwas Wasser hinzugeben.

2. In der Zwischenzeit für den Dip Schnittlauch waschen, abtropfen lassen, sehr fein hacken und 1 EL für die Dekoration beiseitestellen. Frischkäse mit Meerrettich und Schnittlauch vermengen. Salzen und pfeffern.

3. Sobald die Karotten weich, aber noch etwas knackig sind, mit Frischkäse-Dip auf Tellern anrichten. Vor dem Servieren den Dip mit Schnittlauch garnieren.

4. Schmeckt gut als gesunder Snack zwischendurch oder als Vorspeise.

TIPP

Ideal auch als Snack zwischendurch oder als Jause für Kinder bzw. zum Wandern.

Variationen

Eine sommerliche Variante der Spieße wäre mit Beeren. • Eine winterliche Variante der Spieße wäre mit Orangenfilets oder Kiwis. • Schmeckt auch sehr gut mit lang gereiftem Cheddar.

Gemischte Käse-Spieße
mit Gurke und Weintrauben

24 SPIESSE

120 g Bergkäse

2 Minigurken

24 Weintrauben

12 Basilikumblätter

12 Mozzarellakugeln (1 Pkg.)

12 Schafskäsewürfel

**24 Zahnstocher oder
kleine Cocktailspieße**

1. Bergkäse entrinden und in 24 Würfel schneiden. Gurken gründlich waschen und in 24 Scheiben schneiden. Weintrauben waschen.

2. Auf 12 Spießchen je 1 Scheibe/Würfel Gurke, Bergkäse, Weintraube, Basilikumblatt und Mozzarellakugel geben. Mit den anderen 12 Spießchen je 1 Scheibe/Würfel Gurke, Bergkäse, Weintraube und Schafskäse aufspießen.

3. Auf einem großen Teller anrichten und genießen.

Tipp BEIM EINKAUFEN

Da Spargel zu ca. 95 % aus Wasser besteht, ist es wichtig, diesen frisch zu kaufen: Achten Sie darauf, dass er nicht braun gefärbt ist und die Schnittstellen frisch sind. Weiters sollte er fest sein und sich nicht leicht biegen lassen.

No Food WASTE

Schmeißen Sie die Spargel- schalen und -enden nicht weg. Diese können Sie für Suppe oder einen Sud verwenden.

Knackiger Babyspinatsalat
mit Erdbeeren, Spargel und Zitronendressing

4 PORTIONEN

Salat:	Dressing:
200 g Babyspinat	**5 EL Zitronensaft**
100 g Erdbeeren	**2 EL Olivenöl**
120 g Cocktailtomaten	**2 EL Apfelessig**
8 Stangen weißer Spargel	**1 TL Honig**
	Salz, Pfeffer

1. Babyspinat waschen und abtropfen lassen. Erdbeeren und Tomaten waschen. Das Grün der Erdbeeren entfernen und diese je nach Größe halbieren oder vierteln. Tomaten halbieren. Für das Dressing Zitronensaft, Olivenöl, Apfelessig und Honig verrühren. Mit etwas Salz und Pfeffer abschmecken.

2. Spargel schälen und die unteren, holzigen Enden abschneiden. Der Spargelkopf sollte aber nicht geschält werden. Anschließend in einem Topf so viel Wasser zum Kochen bringen, dass der Spargel gerade bedeckt ist. Spargel einlegen und die Hitze reduzieren. Je nach Spargeldicke ca. 5—10 Minuten ziehen lassen.

3. Spargelstangen jeweils dritteln und gemeinsam mit den anderen Salatzutaten in einer Schüssel mit dem Dressing marinieren. In kleinen Schüsseln anrichten und servieren.

Tipp

Falls Sie kein Koriandergrün erhalten, können Sie auch Petersilie verwenden.

Info

Die Original-Salsa-Verde wird mit Tomatillos (grünen Tomaten) zubereitet. Probieren Sie auch mal die Salsa mit roten Tomaten – schmeckt sehr gut!

Minipizze
mit würziger Gurken-Salsa-Verde und Mozzarella

7 MINIPIZZE

Teig:	1 Gurke (ca. 400 g)
125 g Mehl + etwas mehr	**4 TL Kapern**
1/2 Pkg. Trockengerm	**1/2 Bund Basilikum**
1/2 TL Salz	**1 Bund Koriandergrün**
1 Prise Zucker	**1 grüne Chilischote**
ca. 50 ml lauwarmes Wasser	**8 EL Olivenöl**
2 EL Olivenöl	**3 Bio-Limetten**
Belag:	**Salz, Pfeffer**
3 Knoblauchzehen	**2 Pkg. Mozzarella**

1. Für den Pizzateig die trockenen Zutaten (Mehl, Germ, Salz und Zucker) vermischen und anschließend die feuchten Zutaten (Wasser und Olivenöl) hinzugeben. So lange kneten, bis sich die Zutaten vermengen und ein glatter Teig entsteht. Mit etwas Mehl bestäuben und zugedeckt bei Zimmertemperatur ohne Zugluft für 30–45 Minuten gehen lassen.

2. Für die Salsa Verde Knoblauch sehr fein hacken. Gurke waschen und gemeinsam mit den abgetropften Kapern ebenso sehr fein hacken. Basilikum und Koriander waschen, trocken schütteln, Blätter abzupfen und sehr fein hacken. Chilischote entkernen und ebenso sehr fein schneiden. Alles mit Olivenöl, geraspelter Schale von 2 Limetten, Limettensaft (3 Limetten) verrühren und mit Salz und Pfeffer abschmecken.

3. Backofen auf 200 °C (Umluft) vorheizen.

4. Für die Minipizze Teig auf einer bemehlten Arbeitsfläche zu 7 Kugeln teilen und jeweils zu kleinen, runden Minipizze ausrollen. Mozzarella in Scheiben schneiden und jede Pizza mit 1–2 Scheiben belegen. Im Backofen für 10–15 Minuten backen, bis sie braun sind.

5. Vor dem Servieren jeweils 2 EL Salsa Verde auf die Pizza verteilen.

Vorbereitungs TIPP

Wenn es einmal schnell gehen soll, dann verwenden Sie dafür gekauften Blätter- oder Plunderteig.

Healthy TIPP

Wenn Sie den Teig mit Vollkornmehl zubereiten, werten Sie die Schnecken ernährungsphysiologisch auf. Vollkorn enthält viele wichtige Vitamine sowie Ballaststoffe und hält länger satt. Probieren Sie es erstmals mit nur 1/3 Vollkornmehl (der gesamten Mehlmenge) und geben Sie bei Bedarf etwas mehr Wasser hinzu.

Paprika-Zucchini-Schnecken

18 SCHNECKEN

Teig:	Füllung:	
300 g Mehl + etwas mehr	**1 gelbe Paprika**	**1 kleine Chilischote**
1 Pkg. Trockengerm	**1 kleine Zucchini (ca. 200 g)**	**Butter für die Form**
2 TL Salz	**150 g Frischkäse**	**etwas frisch geriebener Parmesan**
1 TL getrockneter Rosmarin	**1 EL Tomatenmark**	
2 Eier (Zimmertemperatur)	**1 TL scharfes Paprikapulver**	
75 g zerlassene Butter	**Salz, Pfeffer**	
100 ml lauwarmes Wasser	**4 getrocknete Tomaten**	

1. In einer großen Schüssel Mehl mit Trockengerm, Salz und Rosmarin verrühren. Eier, Butter und Wasser beimengen und alles zu einem geschmeidigen Teig kneten. Fügen Sie das Wasser am besten portionsweise hinzu, damit der Teig nicht zu feucht wird — er muss sich vom Schüsselrand lösen. Falls der Teig zu feucht ist, geben Sie noch etwas Mehl hinzu. Mit etwas Mehl bestäuben und zugedeckt bei Zimmertemperatur für 45 Minuten aufgehen lassen.

2. Für die Füllung Paprika waschen, entkernen und in sehr feine Streifen schneiden. Zucchini waschen und mit einem Schäler in dünne Streifen hobeln. Frischkäse mit Tomatenmark und Paprikapulver verrühren, salzen und pfeffern. Getrocknete Tomaten und Chilischote fein hacken und in die Frischkäsemischung rühren.

3. Den Teig auf einer bemehlten Arbeitsfläche zu einem großen Rechteck (ca. 30 × 40 cm) ausrollen, mit Tomaten-Frischkäsemasse bestreichen und mit den Paprika- und Zucchinistreifen belegen. Den Teig vorsichtig aufrollen. Mit einem Messer in 18 Schnecken schneiden und eng in eine eingefettete Auflaufform legen. In den Backofen stellen und auf 175 °C (Ober- und Unterhitze) aufheizen.

4. Für rund 20 Minuten backen, bis die Schnecken braun sind. Falls sie zu schnell braun werden, decken Sie diese mit Alufolie zu. Aus dem Ofen holen, mit etwas Parmesan bestreuen, aus der Tortenform lösen und auf einem Kuchengitter auskühlen lassen.

Als Hauptmahlzeit servieren Sie dazu frisches Gebäck, Fladen- oder Olivenbrot. Schmeckt auch sehr gut mit Röstkartoffeln.

No Food WASTE

Übrig gebliebene Zucchini können Sie entweder dazu noch anbraten oder für Paprika- Zucchini-Schnecken (S. 54) oder Zucchinikuchen verwenden (S. 254).

Schafskäse
in Oregano-Rub und Zucchinimantel

4 PORTIONEN

2 × 200 g Schafskäse
1 mittelgroße Zucchini
1 TL Pfefferkörner
2 EL getrockneter Oregano
8 Zahnstocher
2 EL Olivenöl

1. Schafskäse quer durchschneiden. Zucchini waschen, halbieren und mit einem Schäler 8 dünne Streifen herunterschneiden. Pfefferkörner zermahlen und mit Oregano vermischen.

2. Schafskäse auf beiden Seiten in der Oregano-Pfeffer-Mischung wälzen, anschließend auf 2 überlappende Zucchinistreifen setzen und einwickeln. Mit Zahnstochern fixieren.

3. In einer Pfanne Olivenöl erhitzen und auf beiden Seiten braun anbraten.

Tipp

Für etwas Schärfe servieren Sie
zur Suppe Chiliflocken.

Vorbereitungs
TIPP

Nehmen Sie rund 1,5 Stunden vor
Kochbeginn TK-Blattspinat und
Cremespinat aus dem Tiefkühler.
Generell gilt, je länger eine Suppe
ziehen kann, desto besser ist sie
im Geschmack.

Spinatsuppe
mit Kokosmilch

4 PORTIONEN

4 Knoblauchzehen	300 ml klare Gemüsesuppe
1 kleine Zwiebel	250 ml Kokosmilch
150 g aufgetauter TK-Blattspinat	Salz, Pfeffer
2 EL Pflanzenöl	2 gehäufte EL Pinienkerne
1 EL Mehl	etwas frisch geriebener Parmesan
300 g aufgetauter TK-Cremespinat	

1. Knoblauch und Zwiebel schälen und fein schneiden. Blattspinat
hacken. In einem großen Topf Öl erhitzen und Knoblauch sowie Zwiebel
glasig dünsten. Mit 1 EL Mehl bestäuben und für 1 Minute anrösten.
Beide Spinatsorten hinzugeben und mit Gemüsesuppe aufgießen, für rund
5 Minuten köcheln lassen. Kokosmilch zur Suppe gießen, für 3 Minuten
ziehen lassen und mit Salz und Pfeffer abschmecken.

2. Pinienkerne ohne Fett in einer Pfanne rösten.

3. Suppe in Schüsseln anrichten und jeweils mit Pinienkernen und
Parmesan bestreut servieren.

Variationen

Schmeckt auch sehr gut mit gerösteten Walnüssen und gebratenem Lauch. • Verfeinern Sie den Salat noch mit gehackter Petersilie oder Koriandergrün. • Anstelle von Rosmarin kann auch Thymian verwendet werden.

Warmer Pilzsalat
mit Croûtons

4 PORTIONEN

Croûtons:

2 Scheiben Vollkorntoast

1 EL Pflanzenöl

Salat:

600 g gemischte Pilze nach Wahl (z. B. Kräuterseitlinge, Champignons, Steinpilze, Pfifferlinge)

3 Knoblauchzehen

3 EL Butter

3 Zweige Thymian

1 TL getrockneter Thymian

Salz, Pfeffer

1. Für die Croûtons Vollkornbrot in Würfel schneiden. In einer Pfanne Öl erhitzen und die Brotwürfel anrösten.

2. Pilze putzen und in Scheiben schneiden. Knoblauch schälen und feinblättrig schneiden. In einer Pfanne Butter erhitzen und Knoblauchblätter gemeinsam mit frischem Thymian für 1–2 Minuten rösten. Pilze hinzugeben und bei milder Hitze anbraten. Mit getrocknetem Thymian, Salz und Pfeffer abschmecken.

3. Pilze auf Tellern anrichten und mit den Brotcroûtons dekorieren.

Variationen

Sie können die Förmchen auch mit Semmelbröseln aus-streuen. • Nach Belieben vor dem Servieren mit geriebenem Parmesan bestreuen.

Zucchini-Soufflés

4 PORTIONEN

1 Zucchini (ca. 200 g)

2 Knoblauchzehen

2 EL Öl

1 Zweig Rosmarin

Salz, Pfeffer

250 ml Schlagobers

3 TL Tomatenmark

2 Eier

1 TL Speisestärke

Außerdem:

Soufflé-Förmchen

Butter, fein gehackte Kürbiskerne oder Nüsse für die Formen

1. Backofen auf 180 °C (Ober- und Unterhitze) vorheizen.

2. Zucchini waschen und feinwürfelig schneiden. Knoblauch schälen und sehr fein hacken. In einer Pfanne Öl erhitzen und alles gemeinsam mit gehacktem Rosmarin anbraten. Mit Salz und Pfeffer abschmecken. Schlagobers mit Tomatenmark, Eiern und Speisestärke verrühren. Zucchiniwürfel unterrühren.

3. Förmchen ausbuttern, mit Bröseln ausstreuen und zu 2/3 füllen. Rund 25–30 Minuten backen, bis sie braun sind und die Masse fest ist. Etwas abkühlen lassen und servieren.

Tinas 30-Minuten-Küche

Manchmal muss es einfach ruck, zuck gehen. Mit diesen Rezepten haben Sie schnell zubereitete köstliche Gerichte, denn Kochen muss nicht immer aufwendig sein und lange dauern. Genießen Sie ein warmes Abendessen nach der Arbeit oder ein schnelles Mittagessen.

Variationen

Schmeckt auch sehr gut mit Kokosmilch anstatt Schlagobers. • Servieren Sie die Suppe mit Knoblauchchips (S. 116 – Pilz-Maronischaumsuppe).

Blaukrautsuppe
mit Feigen und Kokosflocken

4 PORTIONEN

1/4 Kopf Blaukraut (ca. 270 g)	1 Schuss Rotwein
1 Kartoffel (ca. 100 g)	1,1 l klare Gemüsesuppe
3 frische Feigen	100 ml Schlagobers
1 kleine Zwiebel	Salz, Pfeffer
2 EL Butter	4 EL Kokosflocken oder -chips
1/2 EL Mehl	

1. Blaukraut putzen, den Strunk entfernen und das Kraut klein schneiden. Kartoffel schälen und würfeln. Feigen waschen und in Stücke schneiden. Zwiebel schälen und fein schneiden.

2. In einem hohen Topf Butter erhitzen und Zwiebelstücke glasig dünsten. Blaukraut, Kartoffel und Feigen hinzugeben, für 2 Minuten anrösten. Mit Mehl bestäuben, umrühren und mit einem kräftigen Schuss Rotwein ablöschen. Mit Gemüsesuppe aufgießen und für 15 Minuten köcheln lassen.

3. Mit einem Pürierstab pürieren, bei Bedarf noch etwas Wasser hinzugeben und mit Schlagobers aufgießen. Mit Salz und Pfeffer abschmecken.

4. In Tellern anrichten und mit Kokosflocken bestreut servieren.

Tipp

Genießen Sie den Salat warm oder kalt. Er eignet sich auch wunderbar für unterwegs

Variationen

Garnieren Sie den Salat mit fein geschnittenen Frühlingszwiebeln und Thai-Basilikum. • Schmeckt auch sehr gut mit Sprossen. • Probieren Sie das Dressing mit Süß-sauer-Sauce (gekauft oder selbst gemacht, S. 41). • Verfeinern Sie den Salat mit gesalzenen Pistazien. • Falls Sie an einer Erdnussallergie leiden oder den Geschmack nicht mögen, verwenden Sie stattdessen Walnussöl oder Rapsöl sowie gesalzene Mandeln. • Falls Sie kein Soja vertragen, verwenden Sie beim Dressing stattdessen Wasser.

No Food WASTE

Ein weiteres Rezept mit Mungobohnenkeimlingen finden Sie auf S. 228 (Kohlsalat Teriyaki).

Chinesischer Nudelsalat
mit Karottenstiften und gesalzenen Erdnüssen

4 PORTIONEN

	Dressing:
250 g Glasnudeln	**7 EL süß-saure Chilisauce**
3 Frühlingszwiebeln	**6 EL Wasser**
6 Karotten	**4 EL Sojasauce**
6 EL Erdnussöl	**4 EL Erdnussöl**
160 g Mungobohnenkeimlinge	**Salz, frisch gemahlener Pfeffer**
	50 g gesalzene Erdnüsse

1. Glasnudeln mit kochendem Wasser übergießen und für rund 5 Minuten ziehen lassen. Anschließend abseihen und 150 ml Nudelwasser auffangen.

2. Frühlingszwiebeln samt Grün putzen und in Ringe schneiden. Karotten schälen und in 3–4 cm lange Stifte schneiden. In einer Pfanne Erdnussöl erhitzen, Frühlingszwiebeln glasig dünsten, Karottenstifte hinzugeben und mit Nudelwasser aufgießen. Für 5 Minuten bei milder Hitze und geschlossenem Deckel köcheln lassen. Mungobohnenkeimlinge hinzugeben.

3. In der Zwischenzeit für das Dressing Chilisauce, Wasser, Sojasauce und Erdnussöl verrühren. Mit Salz und Pfeffer abschmecken.

4. In einer großen Schüssel Glasnudeln mit dem Gemüse vermengen, Dressing darübergießen und alles gut verrühren.

5. Auf Tellern anrichten und mit Erdnüssen bestreut servieren.

Variationen

Verwenden Sie eine gesalzene Nussmischung bzw. bei einer Nussallergie Kerne. • Die Polenta schmeckt auch sehr gut mit Parmesan oder Gorgonzola verrührt. • Für eine farbige Variation verwenden Sie 100 ml Gemüsesaft anstatt Milch. • Falls Sie keine Crème fraîche zu Hause haben, können Sie auch Butter unterrühren.

Cremige Polenta
mit Blattspinat und glasierter Rosinen-Nuss-Mischung

4 PORTIONEN

4 Knoblauchzehen	150 g Polenta (Maisgrieß)
3 EL Butter	40 g geriebener Bergkäse
600 g aufgetauter TK-Blattspinat	2 EL Crème fraîche
500 ml klare Gemüsesuppe	Salz
500 ml Milch	1 TL Zucker
1 Prise Muskatnuss	100 g Studentenfutter

1. Knoblauch schälen und sehr fein hacken. In einer Pfanne 2 EL Butter zerlassen, Knoblauch und Spinat für 5 Minuten darin anbraten, warm halten.

2. Gemüsesuppe mit Milch und Muskat zum Kochen bringen, Polenta unter Rühren einrieseln lassen. So lange bei mittlerer Hitze unter ständigem Rühren köcheln lassen, bis die Polenta eine cremige Konsistenz erhält. Bergkäse und Crème fraîche einrühren, nach Belieben etwas salzen.

3. Butter mit Zucker in einer Pfanne erhitzen, Studentenfutter beimengen und glasieren.

4. Polenta mit Blattspinat anrichten und darüber das glasierte Studentenfutter streuen.

Kartoffeln

Kartoffelcremesuppe
mit Parmesanchips

4 PORTIONEN

800 g Kartoffeln
1 Zwiebel
3 EL Sonnenblumenöl
1 TL gemahlener Kümmel
1 Prise Muskat
1 Schuss Weißwein
1 l klare Gemüsesuppe
200 ml Schlagobers
Salz, Pfeffer
50 g Parmesanchips

1. Kartoffeln schälen und in gleich große Würfel schneiden. Zwiebel schälen und fein hacken. In einem großen Topf Öl erhitzen und Zwiebel-stücke glasig andünsten. Kartoffelstücke hinzugeben, mit den Gewürzen bestreuen und für 1–2 Minuten anrösten. Mit Weißwein ablöschen und Suppe aufgießen. So lange mit geschlossenem Deckel köcheln lassen, bis die Kartoffeln weich sind.

2. Mit einer Schöpfkelle ein paar Kartoffelwürfel herausholen und beiseitestellen. Suppe pürieren, mit Schlagobers aufgießen und mit Salz und Pfeffer abschmecken. Bei Bedarf noch etwas Wasser hinzugeben. Die Suppe kurz ziehen lassen.

3. Suppe in tiefen Tellern anrichten, mit Kartoffelwürfeln und Parmesan-chips bestreut servieren.

Paprika

Variationen

Falls Sie den intensiven Geschmack von Ziegenkäse nicht mögen, können Sie natürlich auch herkömmlichen Camembert verwenden. • Dekorieren Sie den Ziegenkäse noch mit gehackten Mandeln und Rosmarin. • Falls Sie keine Stärke zu Hause haben, können Sie auch Mehl verwenden. • Das Paprikaragout schmeckt auch sehr gut mit Halloumi.

Warmer Ziegencamembert
auf Paprikaragout

4 PORTIONEN

4 rote Paprika	**4 Pkg. Ziegenkäse-Camembert**
1 Zwiebel	**2–3 TL Honig**
3 Knoblauchzehen	**1 TL rote Currypaste**
4 EL Sonnenblumenöl	**Salz, Pfeffer**
2 TL süßes Paprikapulver	**1 TL Stärke**
1/2 TL scharfes Paprikapulver	**4 Stk. ofenfrisches Gebäck**

1. Backofen auf 200 °C (Oberhitze) vorheizen.

2. Paprika waschen, entkernen und in feine Streifen schneiden. Zwiebel und Knoblauch schälen und fein hacken. Öl in einer Pfanne erhitzen und die Gewürze für 1–2 Minuten anrösten. Paprikastreifen hinzugeben, anrösten und mit 150 ml Wasser ablöschen. Bei milder Hitze mit geschlossenem Deckel garen, bis die Paprika sehr weich sind.

3. Ziegenkäse auf Backpapier legen und mit Honig beträufeln. So lange backen, bis der Käse braun wird.

4. Paprikaragout mit Currypaste, Salz und Pfeffer abschmecken. Stärke mit 4 EL Wasser anrühren, dazugeben und gut umrühren.

5. Paprikaragout mit Ziegenkäse anrichten und mit Gebäck servieren.

Variationen

Die Semmelbrösel schmecken auch sehr gut mit Zitronen- oder Orangenzesten. • Für ein cremiges Salatdressing geben Sie noch 100 ml Joghurt hinzu. • Probieren Sie das Dressing mit Agavendicksaft oder Ahorn- sirup. • Verwenden Sie anstatt Semmelbrösel gemahlene Nüsse oder Kerne. Da deren Fettgehalt von Natur aus hoch ist, rösten Sie sie ohne Fett an.

Kohlsprossen mit Butterbröseln,

dazu Chicoréesalat mit Gorgonzola-Dressing

4 PERSONEN

850 g Kohlsprossen	**2 EL Weißweinessig**
3 EL Butter	**1,5 TL Honig**
1 EL Honig	**2 EL Sonnenblumenöl**
2 kleine Chicorée	**Salz, Pfeffer**
60 g Gorgonzola	**100 g Semmelbrösel**

1. Kohlsprossen putzen. In einem großen Topf 1 EL Butter zergehen lassen, Honig, Kohlsprossen und 150 ml Wasser hinzugeben. Zugedeckt bei mittlerer Hitze so lange garen, bis sie weich sind. Bei Bedarf noch Wasser hinzugeben.

2. In der Zwischenzeit Chicoréeblätter waschen und in Streifen schneiden. Für das Dressing Gorgonzola mit einer Gabel zerdrücken und mit Essig, Honig, Öl und 4–5 EL Wasser verrühren. Mit Salz und Pfeffer abschmecken.

3. Sobald die Kohlsprossen fertig sind, die restliche Butter (2 EL) in einer Pfanne erhitzen und die Brösel unter Rühren goldbraun rösten.

4. Chicoréesalat mit dem Dressing vermischen. Kohlsprossen auf Tellern anrichten und mit Bröseln bestreuen. Mit Salat servieren.

Tipp

Genießen Sie die Laibchen sowohl warm als auch kalt unterwegs. Sie eignen sich auch wunderbar für Burger (S. 128).

Paprika-Couscous-Laibchen
auf gedämpften Kohlrabi

4 PORTIONEN

200 g Couscous	**100 g frisch geriebener Parmesan**
2 große Kohlrabi	**2 Eier**
2 EL Butter	**3 EL Semmelbrösel**
Salz	**3 TL süßes Paprikapulver**
1 kleine Zwiebel	**Pfeffer**
1 rote Paprika	**5 EL Sonnenblumenöl**

1. Couscous in einer Schüssel mit kochendem Wasser (ca. 250 ml) übergießen, sodass er gerade bedeckt ist, und quellen lassen.

2. Kohlrabi schälen und in Stifte schneiden. In einem Topf Butter zergehen lassen, Kohlrabi mit geschlossenem Deckel bei milder Hitze garen, bis er weich ist. Etwas salzen.

3. In der Zwischenzeit Zwiebel schälen und fein hacken. Paprika waschen und sehr fein schneiden. Beides mit fertigem Couscous, Parmesan, Eiern, Bröseln, Paprikapulver in eine Schüssel geben und gut vermischen. Salzen und pfeffern. Zu 8 Laibchen formen.

4. Die Laibchen in einer großen Pfanne in erhitztem Öl auf beiden Seiten knusprig braten.

5. Laibchen auf Kohlrabi anrichten, servieren und schlemmen.

Variationen

Für einen deftigeren Geschmack verfeinern Sie das Gericht noch mit Räuchertofu. • Schmeckt auch sehr gut mit Kräuter-Schafskäse. • Anstatt Lauch können Sie auch Frühlingszwiebeln (samt Grün) verwenden. • Servieren Sie dazu grünen Salat oder einen sommerlichen Tomatensalat. • Falls Sie keine Milch vertragen, verwenden Sie statt dem Schlagobers eine vegane Finesse und lassen Sie den Käse weg.

Pasta
mit Kohlgemüse

4 PORTIONEN

500 g Vollkornspaghetti
1/2 Stange Lauch
1 kleines Stück Ingwer (ca. 3 cm)
1/2 kleiner Kopf Wirsing (ca. 250 g)
3 EL Pflanzenöl
1,5 TL getrocknetes Lemongras
100 ml Schlagobers
Salz, Pfeffer
100 g gewürfelter Schafskäse

1. Spaghetti in reichlich Wasser al dente kochen.

2. In der Zwischenzeit Lauch halbieren und in Streifen schneiden. Ingwer schälen und sehr fein hacken. Kohl putzen, den Strunk in der Mitte entfernen und die Blätter in Streifen schneiden.

3. In einer großen Pfanne Öl erhitzen, Lauch und Ingwer glasig anbraten. Mit Lemongras bestreuen und für 1 Minute anbraten. Kohl hinzugeben und mit rund 100 ml Wasser ablöschen, so lange köcheln lassen, bis die Flüssigkeit verdampft ist. Bei Bedarf noch etwas Wasser hinzugeben. Schlagobers hinzugeben und nach Geschmack salzen und pfeffern.

4. Spaghetti zum Kohlgemüse hinzugeben und gut vermengen. Auf Tellern anrichten und mit Schafskäse garniert servieren.

Tipp

Entweder Sie bereiten die Quesadillas zeitgleich in 2 großen Pfannen zu oder Sie halten sie in Alufolie warm.

No Food WASTE

Das restliche Kraut können Sie entweder kurz blanchieren und einfrieren oder einen Krautsalat (S. 95) daraus zubereiten.

Quesadillas mit Kraut-Käse-Füllung,
serviert mit Sour Cream und Salsa

4 PORTIONEN

1/4 Kopf Weißkraut (ca. 200 g)	Salz, Pfeffer
1 Zwiebel	4 Tortillas
100 g Räuchertofu	150 g geriebener Käse
30 g Butterschmalz bzw. Butter	1 Portion Sour-Cream-Sauce oder Frischkäse-Dip (Seite 46)
1 TL Chiliflocken	1 Pkg. Salsa-Sauce

1. Weißkraut putzen, Strunk entfernen und die Blätter in feine Streifen schneiden. Zwiebel schälen und ebenso in feine Streifen schneiden. Räuchertofu würfeln.

2. In einem Topf Schmalz erhitzen, Zwiebel, Chiliflocken und Tofu hinzugeben und für 2–3 Minuten anrösten. Weißkraut hinzugeben und alles gut vermischen. Kräftig würzen und garen, bis das Kraut weich ist.

3. In eine Pfanne ohne Fett eine Tortilla legen, mit der Hälfte des Käses und der Krautmischung belegen und mit einer Tortilla zudecken. Für rund 2 Minuten anbraten, mit Hilfe eines großen Tellers oder Brettes umdrehen und auf der anderen Seite ebenso goldbraun braten, bis der Käse geschmolzen ist. Nach dem Prinzip eine weitere Quesadilla zubereiten.

4. In Stücke schneiden und mit Sour Cream und Salsa servieren.

Tipp

Falls Sie keinen Mangold erhalten, bereiten Sie das Gericht entweder mit Babyspinat oder frischem Spinat zu. Im Winter können Sie TK-Blattspinat verwenden.

Ravioli mit Kräuterseitlingen
und Mangold

4 PORTIONEN

2 Pkg. Ravioli nach Wahl	**2 Zweige Rosmarin**
400 g Kräuterseitlinge	**1 Schuss Balsamicoessig**
200 g Mangold	**Salz, Pfeffer**
1 Zwiebel	**2 EL Mandelblättchen**
3 Knoblauchzehen	**2 EL gehackte Haselnusskerne**
3 EL Butter	**50 g Parmesanspäne**

1. Ravioli in reichlich kochendem Wasser al dente kochen.

2. Kräuterseitlinge putzen und in Streifen schneiden. Mangold waschen, trocken schütteln, die Enden der Stiele entfernen, den Rest fein hacken und Blätter in Streifen schneiden. Zwiebel und Knoblauch schälen und fein hacken.

3. In einer Pfanne Butter erhitzen, Zwiebel und Knoblauch gemeinsam mit Mangoldstielen und Rosmarin für 2 Minuten anbraten. Mit Balsamicoessig ablöschen und die Kräuterseitlinge hinzugeben, für rund 4 Minuten bei mittlerer Hitze garen. Mangoldblätter unterheben und so lange köcheln lassen, bis die Blätter zusammenfallen. Salzen und pfeffern.

4. In einer Pfanne ohne Fett Mandelblättchen und Haselnusskerne anrösten, bis sie duften. Rosmarinzweige aus der Mangoldmischung entfernen und halbieren.

5. Ravioli mit der Pilz-Mangold-Mischung vermengen und auf Tellern anrichten. Mit gerösteten Mandelblättchen und Haselnüssen sowie Parmesanspänen bestreuen. Jeden Teller mit 1/2 Rosmarinzweig garnieren, servieren und genießen.

Roter Quinoa
mit Cocktailtomaten, Granatapfelkernen und Halloumi in Grünteekruste

4 PORTIONEN

200 g roter Quinoa	1 Limette
350 ml klare Gemüsesuppe	Salz, Pfeffer
1 rote Zwiebel	2 Teebeutel Grüntee
1 kleiner Granatapfel	2 TL schwarzer Sesam
250 g Cocktailtomaten	1 Pkg. Halloumi
6 EL Olivenöl	1 EL Pinienkerne

1. Quinoa unter heißem Wasser abspülen und mit Gemüsesuppe rund 15 Minuten bei mittlerer Hitze köcheln. Anschließend 10 Minuten ausquellen lassen.

2. In der Zwischenzeit Zwiebel schälen und in feine Ringe schneiden. Granatapfel halbieren und mit einem Löffel die Kerne herauskratzen. Tomaten waschen und halbieren. Beides gemeinsam mit der Zwiebel in eine Schüssel geben und mit 3 EL Olivenöl und Limettensaft verrühren. Nach Geschmack salzen und pfeffern.

3. Teebeutel aufschneiden und den Inhalt in einem tiefen Teller mit Sesam vermengen. Halloumi quer durchschneiden und jeweils auf beiden Seiten in der Panade wälzen. In einer Pfanne 3 EL Öl erhitzen und bei mittlerer Hitze auf beiden Seiten knusprig braten.

4. Halloumi in Scheiben schneiden und auf dem Quinoasalat anrichten. Pinienkerne darüberstreuen und servieren.

Tipp

Falls Sie kein Sieb mit sehr kleinen Löchern zu Hause haben, legen Sie ein sauberes Küchentuch hinein und waschen Sie den Quinoa darin.

Vorbereitungs TIPP

Wenn es mal schnell gehen muss, bereiten Sie den Quinoasalat bereits vor und braten den Halloumi direkt vor dem Servieren an.

No Food WASTE

Falls Sie keinen kleinen Granatapfel bekommen, bewahren Sie die restlichen Kerne für einige Tage in einem Einmachglas im Kühlschrank auf. Schmeckt wunderbar zum Frühstücksmüsli, aber auch in gefüllten Paprika (S. 104).

 *Gurke*

Vollkornpasta
mit Gurken-Dill-Sauce

4 PORTIONEN

500 g Vollkornpasta nach Wahl
1/2 Stange Lauch
1/2 Salatgurke
1 Bund Dill
3 EL Pflanzenöl
150 ml Schlagobers
Salz, Pfeffer
frisch geriebener Parmesan

1. Pasta in reichlich kochendem Wasser al dente kochen.

2. Lauch putzen und in feine Ringe schneiden. Gurke waschen und würfelig schneiden. Dill waschen, abtropfen lassen und hacken.

3. Öl in einer Pfanne erhitzen und Lauch glasig andünsten. Gurke und Dill hinzugeben und für 3 Minuten garen. Mit Schlagobers aufgießen, salzen und pfeffern.

4. Fertige Pasta auf Tellern anrichten und mit der Sauce übergießen. Mit Parmesan bestreut servieren.

Zucchini

Zucchinispaghetti
mit Tomatensugo

4 PORTIONEN

1 Zwiebel	**50 g getrocknete Tomaten**
2 Knoblauchzehen	**2 EL Tomatenmark**
2 EL Olivenöl	**1 Bund Basilikum**
2 EL Zucker	**Salz, Pfeffer**
2 TL getrockneter Oregano	**3 mittelgroße Zucchini**
1/2 TL Chiliflocken	**2 EL Pinienkerne**
500 g Cocktailtomaten	**50 g frisch geriebener Parmesan**

1. Zwiebel und Knoblauch schälen und in feine Stücke hacken. In einem hohen Topf in erhitztem Öl glasig dünsten. Zucker, Oregano und Chiliflocken beimengen und für 1—2 Minuten anrösten. In der Zwischenzeit frische Tomaten waschen und halbieren. Getrocknete Tomaten in Streifen schneiden. Alles in den Topf geben, Tomatenmark und gehacktes Basilikum beimengen. Mit 250 ml Wasser aufgießen und für 15 Minuten köcheln lassen. Mit Salz und Pfeffer abschmecken.

2. In der Zwischenzeit Zucchini waschen und mit einem Schäler in feine Streifen schneiden. Mehrere aufeinanderstapeln und in feine Zucchininudeln schneiden.

3. Zucchininudeln gemeinsam mit Pinienkernen für 8 Minuten in die Tomatensauce geben und bei geschlossenem Deckel köcheln lassen.

4. Auf Tellern anrichten und mit geriebenem Parmesan bestreut servieren.

Moderne Klassiker

In diesem Kapitel habe ich viele gute
klassische Gerichte neu interpretiert und
ihnen einen vegetarischen Touch gegeben.
Ich liebe es, meiner Kreativität freien Lauf
zu lassen, Rezepte abzuwandeln und in
vielen verschiedenen Varianten auszuprobieren.
Sie finden hauptsächlich österreichische
Speisen, aber auch den einen oder anderen
amerikanischen Klassiker.

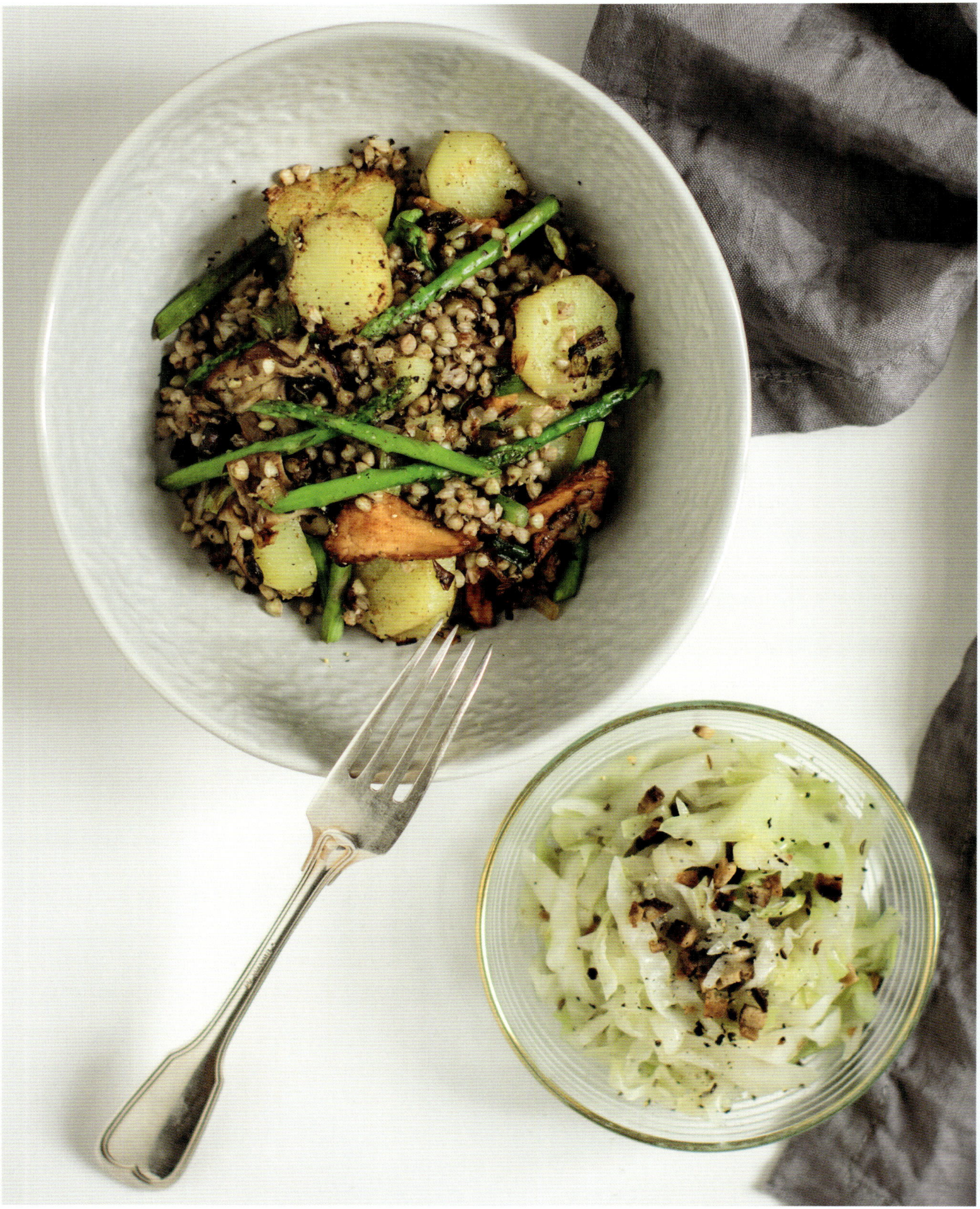

Buchweizen-Kartoffel-Gröstl
mit Pilzen und grünem Spargel, serviert mit Krautsalat

4 PORTIONEN

Gröstl:	300 g Pilze nach Wahl (z. B. Champignons, Pfifferlinge, Steinpilze)	100 g Räuchertofu
100 g Buchweizen		20 g Butter
500 g Baby-Kartoffeln	1/2 TL gemahlener Kümmel	1 TL ganzer Kümmel
	1/2 TL getrockneter Thymian	7 EL Weißweinessig
160 g grüner Spargel	Salz, Pfeffer	4 EL Sonnenblumenöl
2 Frühlingszwiebeln	Krautsalat:	Salz, frisch gemahlener Pfeffer
3 EL Sonnenblumenöl	1/2 Kopf Weißkraut (ca. 500 g)	

1. Buchweizen waschen und mit doppelt so viel Wasser zum Kochen bringen. Anschließend bei milder Hitze ausquellen lassen. Kartoffeln schälen und in reichlich Wasser bissfest garen.

2. In der Zwischenzeit für den Salat die äußeren Blätter des Krauts entfernen, Rest vierteln und jeweils den Strunk entfernen. In sehr feine Streifen schneiden bzw. hobeln und in reichlich Wasser für 1−2 Minuten blanchieren.

3. Räuchertofu sehr feinwürfelig schneiden. In einer Pfanne Butter erhitzen und Tofu und Kümmel anbraten. Kraut hinzugeben und für 1−2 Minuten ziehen lassen. In einer Schüssel mit Essig und Öl vermengen, salzen und pfeffern. Für 20−30 Minuten ziehen lassen.

4. Das untere Drittel des Spargels schälen und die Enden abschneiden. Schräg in ca. 4 cm lange Stücke schneiden. In kochendem Salzwasser für rund 2 Minuten bissfest garen.

5. Frühlingszwiebeln putzen und samt Grün in feine Ringe schneiden. In einer Pfanne in erhitztem Öl glasig dünsten.

6. In der Zwischenzeit Pilze putzen, in Scheiben schneiden und gemeinsam mit den Gewürzen in die Pfanne geben. Nach 5 Minuten Kartoffelscheiben hinzugeben und auf beiden Seiten 3−5 Minuten anbraten. Buchweizen und Spargel hinzugeben und für weitere 5 Minuten braten. Mit Salz und Pfeffer würzen.

Cheeseburger
mit Zucchinipatty und glasierten Rotweinzwiebeln

4 MITTELGROSSE BURGER

Bun:	10 g frisch geriebener Parmesan
250 g Mehl + etwas mehr	**1 TL Salz**
1/2 Pkg. Trockengerm	**Pfeffer**
1 TL Salz	**3 EL Pflanzenöl**
1/2 TL Zucker	Rotweinzwiebeln:
ca. 160 ml lauwarmes Wasser	**2 rote Zwiebeln**
etwas Sesamsamen	**2 EL Butter**
Patty:	**1 Schuss Rotwein**
250 g Zucchini	Außerdem:
1 kleine Zwiebel	**1 etwas größere Tomate**
1 Ei	**Etwas (Chili-)Ketchup**
8 EL Semmelbrösel	**4 Scheiben Cheddar**
1/2 TL Chilipulver	

1. Mehl mit Trockengerm, Salz und Zucker in einer großen Schüssel verrühren. Wasser hinzugeben und zu einem elastischen, geschmeidigen Teig kneten. So viel Wasser hinzugeben, bis sich der Teig leicht vom Schüsselrand löst und nicht mehr klebrig ist. Etwas Mehl über den Teig streuen und zugedeckt an einem warmen Ort für 30 Minuten stehen lassen.

2. Teig auf einer bemehlten Arbeitsfläche zu 4 Kugeln à ca. 100 g formen. Auf ein Backblech legen und zugedeckt nochmals für 10 Minuten gehen lassen.

3. Anschließend Buns etwas flachdrücken, mit Wasser bestreichen und mit etwas Sesam bestreuen. Im vorgeheizten Backofen bei 175 °C (Ober- und Unterhitze) für 15–20 Minuten backen, bis sie goldbraun sind. Auskühlen lassen.

Info

Buns werden die Burgerweckerl im Englischen genannt und Pattys die Laibchen.

Variationen

Falls Sie keinen Cheddar erhalten, verwenden Sie Gouda oder Toast-Käse. • Probieren Sie die Patties auch mal mit Melanzani. • Der Burger schmeckt auch sehr gut mit Couscous-Laibchen (S. 78). • Verwenden Sie nach Belieben eine (smoked) BBQ-Sauce.

Vorbereitungs TIPP

Wenn es einmal schnell gehen muss, bereiten Sie die Buns am Vortag zu oder kaufen Sie welche. Auch die Zucchinipatties können Sie vorbereiten und 1–2 Tage im Kühlschrank aufbewahren. Braten Sie diese vor dem Verzehr nochmals kurz in einer Pfanne an, damit sie wieder knusprig werden.

4. In der Zwischenzeit für die Patties Zucchini waschen und feinwürfelig schneiden. Zwiebel schälen und ebenso fein hacken. In eine Schüssel geben und mit Ei, Bröseln, Chilipulver und Parmesan verrühren. Salzen und pfeffern. Für 10 Minuten rasten lassen.

5. Für die Rotweinzwiebeln Zwiebeln schälen und in Ringe schneiden. In einer Pfanne Butter erhitzen und die Zwiebeln glasig dünsten. Mit einem kräftigen Schuss Rotwein ablöschen und so lange köcheln lassen, bis die Flüssigkeit verdampft ist.

6. Zucchinimasse zu 4 gleich großen Laibchen – in der Größe der Burgerbuns – formen und in etwas Mehl wälzen. In einer Pfanne in Öl auf beiden Seiten herausbraten.

7. Tomate waschen und in Scheiben schneiden.

8. Burgerbuns aufschneiden, jeweils die untere Hälfte mit Ketchup bestreichen und jeweils mit 1 Scheibe Tomate belegen. Anschließend jeweils das Zucchinilaibchen daraufsetzen und mit Käse und Rotweinzwiebeln belegen. Die obere Brötchenhälfte daraufsetzen, servieren und genießen.

Variationen

Statt pochiertem Ei können Sie auch klassisch Spiegeleier oder weichgekochte Eier dazu servieren. • Wenn es einmal schnell gehen soll, genießen Sie das Gericht mit Brot anstatt Wedges.

Cremespinat
mit pochiertem Ei und Süßkartoffel-Wedges

4 PORTIONEN

4 große Süßkartoffeln
4 EL Olivenöl
1 TL Meersalz
2 Zweige Rosmarin
2 Pkg. TK-Cremespinat
1 EL Essig
4 Eier

1. Ofen auf 175 °C (Ober- und Unterhitze) vorheizen. Süßkartoffeln schälen, in längliche Wedges schneiden oder würfeln. In einer Auflaufform mit Olivenöl und Meersalz vermengen. Rosmarinzweige hinzugeben und für rund 20–30 Minuten knusprig backen. Dabei gelegentlich umrühren.

2. In der Zwischenzeit Spinat nach Packungsanleitung zubereiten, beiseitestellen und warm halten.

3. Sobald die Wedges fertig sind, können Sie die pochierten Eier zubereiten: Einen Topf mit Wasser füllen (ca. 2 l), Essig hinzugeben und erhitzen. Das Wasser darf noch nicht kochen, sondern muss kurz davor sein. Die Eier einzeln in eine Tasse schlagen. Mit einem Kochlöffel das Wasser umrühren, sodass ein Strudel entsteht, und Eier nacheinander vorsichtig hineingleiten lassen. Jedes Ei jeweils für 2–3 Minuten (je nach Eiergröße) garen lassen. Mit einer Schöpfkelle vorsichtig herausheben und abtropfen lassen.

4. Spinat mit den Wedges auf Tellern anrichten und jeweils ein pochiertes Ei daraufsetzen.

Variationen

Ersetzen Sie einen Teil der Kartoffeln durch Zucchini oder Karotten. • Servieren Sie dazu Sauerrahm oder Sour-Cream-Sauce. • Probieren Sie die Puffer mit geriebenem Mozzarella. • Verwenden Sie bei einer Erdnuss-Allergie entweder Walnuss- oder Sesamöl. Schmeckt auch sehr gut mit Kokosöl. • Verwenden Sie die Kartoffel-Käse-Puffer als Patty/Laibchen für Burger (z. B. Cheeseburger, S. 96). • Schmeckt auch sehr gut mit Süßkartoffeln.

Kartoffel-Käse-Puffer
mit Rosinen-Käferbohnensalat

4 PORTIONEN

Joghurtsauce:	2–3 EL Rosinen	3 Knoblauchzehen
500 g Joghurt	**1 EL Weißweinessig**	**140 g geriebener Emmentaler**
1 Bund Schnittlauch	**2 EL Kürbiskernöl**	**4 Eier**
Bohnensalat:	Salz, Pfeffer	**5 EL Mehl**
1/2 gelbe Paprika	Puffer:	**1/2 TL getrockneter Majoran**
1/2 kleine rote Zwiebel	**800 g Kartoffeln**	Salz, Pfeffer
350 g gegarte Käferbohnen	**1 Zwiebel**	**4 EL Erdnussöl**

1. Joghurt mit gehacktem Schnittlauch verrühren und kalt stellen.

2. Für den Salat Paprika waschen, entkernen und sehr fein schneiden. Zwiebel schälen und ebenso fein hacken. Mit den Käferbohnen und Rosinen in einer Schüssel vermengen und mit Essig und Öl vermengen. Mit Salz und Pfeffer abschmecken.

3. Kartoffeln schälen, fein raspeln und sanft den Saft auspressen, am besten mithilfe eines Geschirr-tuchs. Zwiebel und Knoblauch schälen und sehr fein raspeln. Alles mit Emmentaler, Eiern, Mehl und Majoran vermengen. Salzen und pfeffern.

4. In einer Pfanne Erdnussöl erhitzen. Jeweils 1 gehäuften EL der Kartoffelmasse in die Pfanne geben und zu handtellergroßen Laibchen ver-streichen. Auf beiden Seiten knusprig braun braten. Anschließend auf Küchenpapier abtropfen lassen und gegebenenfalls im Backofen bei 80 °C warm halten.

5. Puffer mit Joghurtsauce auf Tellern anrichten und dazu Käferbohnensalat servieren.

Variationen

Probieren Sie die gefüllten Paprika mal mit Couscous- oder Quinoafüllung (waschen Sie letzteren vor der Zubereitung). • Wenn Sie keine Cranberries erhalten, verwenden Sie Rosinen. • Ersetzen Sie die Cashew-Nüsse durch z. B. gesalzene Erdnüsse, Pistazien oder rauchige Salzmandeln.

No Food WASTE

Verwenden Sie den restlichen Schafskäse für einen knackigen griechischen Salat mit Tomaten und Gurken. Oder wie wärs mit Tomaten-Schafskäse-Scones (S. 225) für eine köstliche kalte Jause?

Vorbereitungs TIPP

Bereiten Sie die gefüllte Paprika bereits vor und wärmen Sie diese vor dem Servieren nochmals im Backofen auf.

Gefüllte Paprika
mit Cranberry-Cashew-Reisfüllung

4 PORTIONEN

100 g Langkornreis	1 TL gemahlener Kreuzkümmel
4 bunt gemischte Paprikaschoten	1 TL scharfes Paprikapulver
40 g Cranberries	1/2 Zitrone
50 g Cashew-Kerne	Salz, Pfeffer
2–3 EL Pflanzenöl	50 g Schafskäse
1 TL gemahlener Gelbwurz	1 Pkg. passierte Tomaten

1. Backofen auf 150 °C (Umluft) vorheizen. Reis mit doppelter Menge Wasser aufkochen und bei mittlerer Hitze ausquellen lassen.

2. In der Zwischenzeit Deckel der Paprikaschoten abschneiden und diese aushöhlen. Cranberries und Cashew-Kerne grob hacken. In einer Pfanne in erhitztem Öl (1 EL) Gelbwurz, Kreuzkümmel und Paprikapulver für 1–2 Minuten anrösten. Fertigen Reis hinzugeben, durchrühren und ebenso kurz anbraten. Mit Zitronensaft, Salz und Pfeffer abschmecken.

3. Paprikaschoten mit der Reismischung bis ca. 1 cm unter dem Rand füllen. Etwas zerbröckelten Schafskäse darüberstreuen und den Deckel daraufsetzen. Deckel mit Öl bepinseln und in eine Auflaufform setzen.

4. Im Backofen für rund 30–40 Minuten backen, bis die Paprika gar sind. Passierte Tomaten in die Auflaufform gießen, zurück in den Backofen geben, ausschalten und für 5 Minuten ziehen lassen.

Vorbereitungs TIPP

Bereiten Sie die Suppe bereits einen Tag zuvor zu. Je länger sie ziehen kann, desto schmackhafter wird sie.

Variationen

Probieren Sie die Suppe auch mal mit frischen Marillen. • Schmeckt auch sehr gut mit geraspelter Orangenschale. • Verfeinern Sie die Suppe mit Datteln. • Für eine vegane Suppe lassen Sie die Schlagobershaube weg.

No Food WASTE

Getrocknete Früchte sind luftdicht verpackt lange haltbar. Sie können die Marillen noch für die Dattelsauce zu Linsen-Paprika-Bällchen verwenden (S. 230). Oder als gesunden Snack zwischendurch.

Karottensuppe
mit Marillen

4 PORTIONEN

1 kleine Zwiebel	1 l klare Gemüsesuppe
500 g Karotten	1 TL Currypaste
1 Kartoffel (ca. 100 g)	1 TL gemahlener Kümmel
3 EL Pflanzenöl	Salz, Pfeffer
1 TL Currypulver	50 g getrocknete Marillen
1 Schuss Orangensaft	50 ml Schlagobers

1. Zwiebel schälen und sehr fein hacken. Karotten und Kartoffel schälen und würfeln. In einem hohen Topf Öl erhitzen und Zwiebelstücke glasig andünsten. Karotten- und Kartoffelwürfel hinzugeben, mit Currypulver bestäuben und für 2 Minuten anrösten. Mit Orangensaft und Gemüsesuppe ablöschen und so lange köcheln lassen, bis das Gemüse weich ist. Pürieren und mit Currypaste, Kümmel, Salz und Pfeffer abschmecken. Getrocknete Marillen vierteln, hinzugeben und für 1 Stunde stehen lassen.

2. Vor dem Servieren Suppe nochmals aufkochen. Schlagobers schlagen. Suppe in Schüsseln anrichten und mit jeweils einer Schlagobershaube garniert servieren.

Kohleintopf
mit Räuchertofu und Salzkartoffeln, serviert mit Salat

4 PORTIONEN

600 g Kartoffeln	1,5 TL Kümmel	Salat:
2 TL Salz	1 Prise Zimt	100 g Vogerlsalat
1 kleiner Kopf Wirsing (ca. 600 g)	250 ml Schlagobers	100 g Tomaten
1 Zwiebel	Salz, frisch gemahlener Pfeffer	3 EL Balsamico-essig
150 g Räuchertofu	Meersalz	1 EL Olivenöl
3 EL Pflanzenöl	1 TL schwarzer oder weißer Sesam	Salz, Pfeffer

1. Kartoffeln schälen, vierteln und in einen Topf geben. So viel Wasser hinzugeben, bis die Kartoffeln gerade bedeckt sind, Salz beimengen, vorsichtig umrühren und aufkochen. So lange bei mittlerer Hitze kochen, bis sie gar sind.

2. Kohl putzen, den Strunk herausschneiden und die Blätter in ca. 1 cm breite Streifen schneiden. Zwiebel schälen und sehr fein hacken. Räuchertofu feinwürfelig schneiden. In einem großen Topf Öl erhitzen und Zwiebel glasig dünsten. Räuchertofu beimengen und etwas anrösten. Kohl, Kümmel und Zimt hinzugeben und mit 300 ml Wasser ablöschen. So lange köcheln lassen, bis die Flüssigkeit verdampft ist. Falls der Kohl noch nicht weich genug

ist, noch etwas Wasser hinzugeben. Zuletzt Schlagobers beimengen, mit Salz und Pfeffer abschmecken und bei milder Hitze für rund 5 Minuten ziehen lassen.

3. Für den Salat Vogerlsalat waschen, abtropfen lassen und etwas zerreißen. Tomaten waschen und in kleine Stücke schneiden. Salat und Tomaten in einer Schüssel mit Balsamicoessig und Öl marinieren. Nach Geschmack salzen und pfeffern.

4. Kohlgemüse mit Salzkartoffeln auf Tellern anrichten. Mit frisch gemahlenem Pfeffer, Meersalz und Sesam bestreuen. Gemeinsam mit Vogerlsalat servieren.

Vorbereitungs TIPP

Den Kohleintopf können Sie bereits am Vortag vorbereiten.

Tipp

Die Kartoffeln sind fertig, wenn Sie diese mit einer Gabel aufstechen und sie herunterrutschen.

Variationen

Probieren Sie die Krautfleckerln mit geräuchertem Tofu. • Schmeckt auch sehr gut mit Blaukraut. • Sie können das Weißkraut auch in Öl statt Butter zubereiten. • Würzen Sie die Krautfleckerln noch mit Kümmel.

Krautfleckerln
mit Maroni

4 PORTIONEN

300 g Fleckerln	100 g essfertige Maroni
1 kleiner Kopf Weißkraut (ca. 800 g)	2 Knoblauchzehen
1 Zwiebel	3 Zweige Thymian
1,5 EL Butter	4 EL Pflanzenöl
2 EL Zucker	Salz, Pfeffer
1 Schuss Weißwein	

1. Fleckerln in reichlich Wasser al dente kochen.

2. Vom Kraut die äußersten Blätter entfernen, Rest halbieren und den Strunk wegschneiden. Kraut in feine Streifen schneiden. Zwiebel schälen und fein hacken.

3. In einem großen Topf Butter erhitzen und Zwiebel glasig dünsten. Zucker hinzugeben, für 3–4 Minuten anbraten und karamellisieren. Anschließend Weißkraut hinzugeben und anrösten, mit einem kräftigen Schuss Weißwein ablöschen und für rund 5 Minuten bei geschlossenem Deckel garen.

4. Maroni und geschälten Knoblauch fein hacken. Thymianblättchen von den Zweigen entfernen. Öl erhitzen und Knoblauch gemeinsam mit Thymian etwas anrösten. Maroni beimengen und für 1 Minute anrösten.

5. Die fertigen Fleckerln zum Kraut geben, gut umrühren, nach Geschmack salzen und pfeffern. Auf Tellern anrichten und mit der Maroni-Thymian-Mischung bestreut servieren.

No Food WASTE

Verwenden Sie das restliche Gemüse für einen köstlichen Krautsalat als Beilage (S. 95).

Tipp

Falls Sie keine ofenfeste Pfanne haben, können Sie die Rouladen auch auf dem Herd mit geschlossenem Deckel garen. Anstatt mehligen Kartoffeln können Sie auch (vorwiegend) festkochende verwenden.

Krautrouladen
mit Ricottafüllung und Prinzesskartoffeln

4 PORTIONEN

Prinzesskartoffeln:	80 g Couscous	1 Ei
800 g mehlige Kartoffeln	**6 Salbeiblätter**	**Butter oder Butterschmalz zum Anbraten**
40 g flüssige Butter	**15 g getrocknete Tomaten**	
2 Eier		**500 ml klare Gemüsesuppe**
1 TL Salz	**200 g Ricotta**	**1 Lorbeerblatt**
2 EL Mehl	**80 g Ziegenfrischkäse**	Außerdem:
Rouladen:	**1/2 TL Dijonsenf**	**Spritzsack**
1 Kopf Weißkraut (z. B. Frühkraut)	**1–2 Knoblauchzehen**	**Sterntülle**
	Salz, Pfeffer	

1. Kartoffeln schälen und in reichlich Salzwasser weichkochen.

2. Den Strunk des Krautes abschneiden und den Krautkopf in heißem Wasser bzw. über Wasserdampf so lange kochen, bis sich die äußeren Blätter lösen. Anschließend 12 Blätter lösen.

3. Für die Füllung Couscous mit heißem Wasser übergießen, sodass er gerade bedeckt ist, und quellen lassen. Salbeiblätter und getrocknete Tomaten fein hacken. Ricotta mit Ziegenfrischkäse, Senf, gepresstem Knoblauch, Salbeiblättern und Tomaten verrühren. Mit Salz und Pfeffer abschmecken. Zuletzt das Ei unterrühren. In die Mitte jedes Blattes etwas Ricottamischung setzen, die seitlichen Enden einschlagen und zu einer Roulade aufrollen. Wenn Sie kleinere Blätter Kraut haben, dann legen Sie diese überlappend nebeneinander. Aufgerollte Rouladen entweder mit Zahnstochern feststecken oder mit Küchengarn zusammenbinden.

4. In einer großen ofenfesten Pfanne Butter zergehen lassen und die Rouladen scharf anbraten.

Zahnstocher herausziehen und Rouladen mit der Nahtseite nach unten anbraten. Mit 350 ml Gemüsesuppe ablöschen, Lorbeerblatt hinzugeben und im vorgeheizten Backofen bei 175 °C (Umluft) für 40 Minuten schmoren. Nach 20 Minuten mit der restlichen Suppe übergießen und mit Alufolie abdecken.

5. In der Zwischenzeit für die Prinzesskartoffeln die noch heißen Kartoffeln zerstampfen bzw. auf einer etwas bemehlten Arbeitsfläche durch eine Kartoffelpresse drücken.

6. Mit Butter, Eiern, Salz und Mehl zu einer cremigen Masse verrühren. In einen Spritzsack mit Sterntülle füllen und nacheinander kleine Häufchen auf ein mit Backpapier belegtes Backblech dressieren. Für 10–15 Minuten im Ofen backen, bis sie goldbraun sind.

7. Jeweils 3 fertige Krautrouladen mit Prinzesskartoffeln auf Tellern anrichten und die Rouladen mit etwas Gemüsesuppe übergießen.

Kräuter-Kartoffelnudeln
mit Sauerrahm, serviert mit grünem Salat mit Honig-Senf-Dressing

4 PORTIONEN

600 g mehlige Kartoffeln	**Salat:**
200 g griffiges Mehl + etwas mehr	**250 g grüner Salat (z. B. Häuptelsalat oder Vogerlsalat)**
1 Ei	**1 Knoblauchzehe**
1,5 TL Salz	**1 TL Senf**
1 Prise Muskat	**1 EL Honig**
1 Bund Petersilie	**2 EL Olivenöl**
2–3 EL Butter oder Butterschmalz zum Herausbacken	**3 EL Kräuteressig**
200 g Sauerrahm	**Salz, Pfeffer**

1. Kartoffeln in reichlich Wasser weichkochen. Sobald sie durch sind, schälen und auf einer leicht bemehlten Arbeitsfläche noch heiß durch eine Presse drücken. In die Mitte eine Mulde machen, Mehl, Ei, Salz, Muskat sowie gehackte Petersilie hinzugeben und alles zu einem Teig verkneten. Bei Bedarf noch etwas Mehl hinzugeben.

2. Zu einer langen Rolle formen, Stücke abschneiden und zu fingerlangen und -dicken Nudeln formen.

3. In einer Pfanne Butter oder -schmalz zergehen lassen und bei mittlerer Hitze die Nudeln auf beiden Seiten braun braten.

4. Für die Beilage Salat waschen, abtropfen lassen und in mundgerechte Stücke zerreißen. Für das Dressing Knoblauchzehe schälen und pressen. Mit Senf, Honig, Olivenöl und Kräuteressig zu einer Marinade verrühren und gut mit dem Salat mischen. Nach Geschmack salzen und pfeffern.

5. Kartoffelnudeln mit 1 EL Sauerrahm auf Tellern anrichten und den Salat dazu servieren.

Variationen

Verfeinern Sie die Kartoffelnudeln mit geriebenem Käse. • Für eine orientalische Variation verwenden Sie Koriandergrün und servieren Sie dazu einen Tomaten-Granatapfelsalat (Cocktailtomaten waschen und halbieren. Granatapfel halbieren und die Kerne herauskratzen. Mit Himbeeressig, Öl, Salz und Pfeffer marinieren). • Bei Glutenunverträglichkeit bereiten Sie die Kartoffelnudeln mit einem fertigen glutenfreien Mehl zu.

Vorbereitungs TIPP

Falls es einmal schneller gehen sollte, bereiten Sie die Kartoffelnudeln bereits am Vortag zu und braten Sie diese frisch. Sie schmecken aber auch wunderbar kalt.

Tipp

Falls Sie keine mehligen Kartoffeln erhalten, verwenden Sie herkömmliche.

Pilz-Maronischaumsuppe
mit Kokosmilch und Knoblauchchips

4 PORTIONEN

1 Zwiebel	250 g essfertige Maroni	100 ml Kokosmilch
3 Knoblauchzehen	1 EL Mehl	Salz, Pfeffer
200 g Kartoffeln	1 Schuss Weißwein	4 kleine Zweige Thymian
350 g Pilze nach Wahl (z. B. Champignons)	1,2 l klare Gemüsesuppe	Knoblauchchips:
	2 TL getrockneter Thymian	2 Knoblauchzehen
2 EL Olivenöl	100 ml Schlagobers	2 EL Öl

1. Zwiebel und Knoblauch schälen, fein hacken. Kartoffeln schälen und würfelig schneiden. Pilze putzen und in größere Stücke schneiden.

2. In einem hohen Topf Öl erhitzen und Zwiebel glasig andünsten, Knoblauch hinzugeben und für 2 Minuten rösten.

3. Kartoffeln, Pilze und 200 g Maroni hinzugeben, mit Mehl bestäuben und für weitere 2 Minuten rösten. Mit Weißwein ablöschen und Gemüsesuppe aufgießen. Thymian hinzugeben und so lange köcheln lassen, bis die Kartoffeln und Champignons weich sind.

4. In der Zwischenzeit für die Knoblauchchips Knoblauch schälen und in feine Scheiben schneiden. In erhitztem Öl auf beiden Seiten kross braten.

5. Suppe sorgfältig pürieren, Schlagobers und Kokosmilch hinzugießen. Mit Salz und Pfeffer abschmecken.

6. Die restlichen Maroni fein hacken und in einer Pfanne ohne Fett etwas anrösten.

7. Suppe in Schüsseln anrichten und mit gerösteten Maroni sowie Knoblauchchips bestreuen. Mit jeweils 1 Zweig Thymian dekoriert servieren und genießen.

Aufbewahrung

Gießen Sie die Suppe heiß in sterilisierte Schraubgläser bzw. Flaschen. So ist sie für einige Tage im Kühlschrank haltbar und auch ideal, um sie ins Büro mitzunehmen.

Vorbereitungs TIPP

Die Suppe können Sie wunderbar am Vortag vorbereiten. Je länger sie zieht, umso intensiver wird sie im Geschmack.

Variationen

Die Suppe schmeckt auch sehr gut mit Topinambur. • Für einen intensiveren Kokosgeschmack verwenden Sie anstatt Olivenöl Kokosöl. • Servieren Sie dazu Brot.

Rahmgurkensalat
mit Zimt und Rosinen, serviert mit schnellem Rosmarin-Weißbrot

4 PORTIONEN ALS LEICHTE MAHLZEIT ODER VORSPEISE

Brot:	Salz
400 g Weizenmehl	**1 kleine Zitrone**
1 Pkg. Trockengerm	**1 TL Staubzucker**
1 TL Salz	**3 TL frischer gehackter Dill**
1/2 TL Zucker	**2 EL Apfelessig**
ca. 250 ml Wasser	**1 EL Sonnenblumenöl**
2 EL Olivenöl	**1/2 TL Zimt**
1 Bund Rosmarin	**150 g Sauerrahm**
Salat:	**40 g Rosinen**
1 große Gurke	**Butter nach Belieben**

1. Für das Brot Mehl mit Trockengerm, Salz und Zucker vermengen. Wasser, Olivenöl sowie gehackten Rosmarin hinzugeben und alles gut zu einem Teig verkneten. Geben Sie das Wasser nur portionsweise hinzu, damit der Teig nicht zu feucht wird. Falls er zu klebrig ist und sich nicht vom Schüsselrand löst, fügen Sie noch etwas Mehl hinzu.

2. Teig zu einem länglichen Laib — wie ein Baguette — formen, mit Wasser bepinseln und in den Ofen stellen. Auf 200 °C (Ober- und Unterhitze) heizen und das Brot für 20–30 Minuten backen.

3. Für den Salat Gurke gründlich waschen und in feine Scheiben hobeln. Etwas salzen, mischen und für 15 Minuten stehen lassen. Für die Marinade Zitronensaft, Staubzucker, Dill, Essig, Öl, Zimt und Sauerrahm gut verrühren und über die Gurken gießen. Rosinen hinzugeben und vermischen.

4. Ausgekühltes Brot in Scheiben schneiden und nach Belieben mit Butter bestreichen. Mit Gurkensalat servieren und genießen.

Serviettenknödel-Türmchen
mit Pfifferlingsauce und Rote-Rüben-Topping

4 PORTIONEN

Serviettenknödel:	1,5 TL Salz	3 Zweige Thymian
2 altbackene Semmeln oder Semmelwürfel (200 g)	Pfeffer	1/2 Bund Petersilie
	4 EL Mehl	500 ml Schlagobers
60 g Butter	Sauce:	Salz, Pfeffer
1 EL getrocknete Petersilie	1 Zwiebel	Außerdem:
200 ml Milch	6 Knoblauchzehen	80 g essfertige rote Rüben
2 Eier	600 g Pfifferlinge	2 EL Zucker
1 Prise Muskat	2 EL Butter	

1. Semmeln würfelig schneiden. Butter zergehen lassen und die Petersilie darin für 2–3 Minuten bei milder Hitze ziehen lassen. Milch mit Eiern, flüssiger Butter, Muskat, Salz und etwas Pfeffer vermischen und über die Semmelwürfel gießen. Mehl hinzugeben und mit den Händen gut vermengen und verkneten. Für 30 Minuten stehen lassen.

2. Nochmals durchkneten und mit feuchten Händen zu einer länglichen Rolle formen. In einer angefeuchteten größeren Stoffserviette oder einem sauberen Küchentuch locker einrollen (die Masse weitet sich beim Garen noch etwas aus) und an beiden Enden gut zusammenbinden. In einem großen Topf oder Bräter in reichlich siedendem Wasser mit geschlossenem Deckel für ca. 30 Minuten köcheln lassen.

3. In der Zwischenzeit Zwiebel und Knoblauch schälen und sehr fein hacken. Pfifferlinge putzen und blättrig schneiden. Butter in einer großen Pfanne zergehen lassen, Zwiebel und Knoblauch glasig dünsten.

Pfifferlinge hinzugeben und garen. Thymianblättchen und Petersilie hacken, hinzugeben, mit Schlagobers aufgießen und etwas einkochen lassen. Mit Salz und Pfeffer abschmecken und bei milder Hitze ziehen lassen.

4. Rote Rüben feinwürfelig schneiden. Zucker in einem kleinen Topf bei starker Hitze schmelzen lassen und Rote-Rüben-Würfel darin glasieren.

5. Fertige Serviettenknödel aus dem Topf heben, abtropfen lassen und auswickeln. Serviettenknödel in fingerbreite Scheiben schneiden.

6. Für die Türmchen jeweils 3 Serviettenknödelscheiben aufeinanderlegen und dazwischen etwas Pilzsauce geben. Zuletzt mit der Sauce übergießen und mit gewürfelten roten Rüben bestreuen. Servieren und genießen.

Variationen

Bereiten Sie einzelne Knödel aus der Teigmasse zu und kochen Sie diese in siedendem Wasser. Um sicherzugehen, dass sie nicht auseinanderfallen, können Sie diese auch über Wasserdampf garen. • Sie können die Teigmasse auch mit altem dunklem Brot zubereiten. Sie brauchen dafür etwas mehr Flüssigkeit. • Verwenden Sie anstatt Pfifferlingen Steinpilze, Kräuterseitlinge oder Champignons.

Tipp

Damit Ihnen die Grießnockerln besser gelingen, achten Sie darauf, dass Butter und Ei dieselbe Temperatur haben. • Sie können die Grießnockerln auch alternativ über Wasserdampf garen.

Tomatensuppe
mit Rosinen-Grießnockerln

4 PORTIONEN

Suppe:	400 ml klare Gemüsesuppe	1 Prise Zimt
1 Zwiebel	**1 Pkg. stückige Tomaten**	**1 TL Salz + etwas mehr**
5 Knoblauchzehen	**250 ml Schlagobers**	**1 Ei (Zimmertemperatur)**
1 kg Tomaten	**3 TL getrockneter Oregano**	**10 g Rosinen**
2 EL Olivenöl	**Salz, Pfeffer**	**110 g Hartweizengrieß**
1 EL Zucker	Grießnockerln (ergibt 20 Stück):	
1 EL Mehl	**60 g weiche Butter**	

1. Für die Suppe Zwiebel und Knoblauch schälen und fein hacken. Tomaten waschen und in größere Stücke schneiden. In einem hohen Topf Öl erhitzen, Zwiebel- und Knoblauchstücke glasig dünsten. Mit Zucker bestreuen, umrühren und für 2 Minuten karamellisieren. Tomaten hinzugeben, mit Mehl bestäuben und mit Gemüsesuppe ablöschen. Stückige Tomaten hinzugießen und für 10 Minuten bei mittlerer Hitze köcheln lassen. Anschließend pürieren, mit Schlagobers aufgießen und mit Oregano, Salz und Pfeffer abschmecken. Bei milder Hitze am Herd ziehen lassen.

2. Für die Grießnockerln zimmerwarme Butter mit Zimt und Salz aufschlagen. Ei mit einer Gabel verquirlen und langsam unter Rühren zur Butter geben. Rosinen fein hacken und gemeinsam mit

Grieß hinzugeben. Mit einer Gabel gut verrühren. Für 15 Minuten stehen lassen, damit der Grieß etwas anzieht.

3. Zwei Teelöffel befeuchten, etwas Teig nehmen und Grießnockerln formen. Dabei die Löffel immer wieder befeuchten. Die Nockerl sollten 3 möglichst gleiche und glatte Seiten haben. In reichlich siedendem Salzwasser für 4 Minuten kochen lassen, bis sie an der Oberfläche schwimmen. Vom Herd nehmen, einen Schuss kaltes Wasser hinzugeben und für 10 Minuten im Wasser ziehen lassen.

4. Tomatencremesuppe in Schüsseln bzw. tiefen Tellern anrichten, Grießnockerln vorsichtig hineinsetzen.

Variationen

Servieren Sie dazu grünen Salat. • Dazu schmecken sehr gut Petersilienkartoffeln oder Reis. • Geben Sie zu der Panade noch etwas Sesamsamen. • Bereiten Sie das Gericht mit Melanzani zu. • Verwenden Sie anstatt Cornflakes sehr fein geriebene Haferflocken.

Zucchinischnitzel
im Cornflakesmantel

4 PORTIONEN

Schnitzel:	4 EL Brösel
2 Zucchini (à ca. 250 g)	3–4 EL Butter
Salz, Pfeffer	Dip:
4 EL Mehl	250 g Joghurt
2 Eier	1 Bund Schnittlauch
ca. 40 g Cornflakes	

1. Zucchini waschen, trocken reiben und in ca. 1 cm breite Scheiben schneiden. Auf beiden Seiten salzen und pfeffern.

2. Mehl und verquirlte Eier in separate Suppenschüsseln geben. Cornflakes gleichmäßig zerbröseln und mit Semmelbröseln vermischen, in eine weitere Suppenschüssel geben. Zucchinischeiben nacheinander zuerst in Mehl wenden, durch das Ei ziehen und zuletzt mit den Cornflakesbröseln panieren.

3. In einer Pfanne Butter zergehen lassen und die Zucchinischnitzel auf beiden Seiten goldbraun braten. Auf Küchenpapier abtropfen lassen.

4. Für den Dip Joghurt mit gehacktem Schnittlauch verrühren.

5. Zucchinischnitzel mit dem Dip anrichten und servieren.

Aufgetischt

Ich liebe freie Tage; man kann nicht nur lange ausschlafen, sondern hat auch reichlich Zeit, sich aufwendigeren Rezepten zu widmen. Vormittags schlendere ich gerne über den Markt, lasse mich von all den Produkten inspirieren und probiere abends neue Rezepte an meinen Liebsten aus. „Aufgetischt" ist genau das Richtige, wenn man sich mal mehr Zeit in der Küche nehmen will. Musik aufdrehen und den Kochlöffel zum Rhythmus rühren.

 *Kraut*

Zubereitungszeit: **2 Stunden 10 Minuten (inkl. Rastzeit)** / Schwierigkeitsgrad: **Ambitionierter Hobbykoch ⁑**

Burger
mit Rote-Rüben-Patty und Coleslaw Salad

5 MINIBURGER

Coleslaw Salad:	Tabasco nach Geschmack	1 Ei zum Bestreichen
350 g Weißkraut	Buns:	Patties:
2 Karotten	**1/2 Pkg. Frischgerm**	**2–3 essfertige rote Rüben**
3 EL Mayonnaise	**ca. 60 ml lauwarme Milch**	**3 EL Sonnenblumenöl**
3 EL Joghurt	**1 EL Zucker**	**1 EL Zucker**
3 EL Sauerrahm	**150 g Mehl**	Außerdem:
2 EL Weißweinessig	**20 g Butter**	**3 hauchdünne Scheiben Käse**
1 TL Zucker	**1 Ei**	**1/2 Glas Basilikumpesto**
1 TL Senf	**ca. 1,5 TL Sesamsamen zum Bestreuen**	**ca. 25 g Rucola**
Salz, Pfeffer		

1. Für den Salat Kraut putzen, den harten Strunk entfernen und das Kraut sehr fein schneiden bzw. raspeln. Karotten schälen und ebenso fein raspeln. Für das Dressing Mayonnaise mit Joghurt, Sauerrahm, Essig, Zucker und Senf verrühren. Nach Geschmack mit Salz, Pfeffer und Tabasco würzen. Zugedeckt im Kühlschrank stehen lassen.

2. Für die Buns Germ in die Milch bröseln, Zucker hinzugeben und alles gut verrühren, sodass sich die Germ auflöst. Mehl in eine große Schüssel geben und eine Vertiefung hineindrücken, Dampfl (Germ-Milch-Mischung) eingießen, mit etwas Mehl vom Rand bedecken. An einem warmen Ort zugedeckt für ca. 15 Minuten stehen lassen. Anschließend mit Butter und dem Ei vermengen und zu einem geschmeidigen Germteig kneten. Mit Mehl bestäuben und erneut an einem warmen Ort zugedeckt für ca. 45 Minuten gehen lassen.

3. Teig zu Kugeln à ca. 60 g formen. Auf Backpapier setzen und weitere 10 Minuten zugedeckt gehen lassen. Das zweite Ei mit 1 EL Wasser verquirlen, die Buns bepinseln und nach Belieben mit Sesam bestreuen.

4. Im vorgeheizten Backofen bei 175 °C (Ober- und Unterhitze) für rund 10 Minuten backen, bis sie goldbraun sind. Anschließend auskühlen lassen.

5. Für die Patties rote Rüben in ca. 1−1,5 cm dicke Scheiben schneiden. Öl in einer Pfanne erhitzen und Zucker karamellisieren. Die Hitze reduzieren und die Rote-Rüben-Scheiben auf beiden Seiten anbraten.

6. Buns in der Mitte auseinanderschneiden. Die untere Hälfte mit Pesto bestreichen, jeweils 1 Rote-Rüben-Patty und 1/2 Scheibe Käse darauflegen. Etwas Rucola daraufsetzen und mit der oberen Brötchenhälfte bedecken.

7. Burger mit Coleslaw Salad servieren.

Tipp

Dazu schmecken sehr gut
Süßkartoffel-Wedges (S. 100).

Vorbereitungs TIPP

Die Buns und den Coleslaw Salad
können Sie bereits am Vortag
zubereiten. Je länger der Salat
zieht, umso besser wird er.

Kartoffelroulade
mit Kürbisfüllung, serviert mit Kohlrabi-Apfel-Salat

4 PORTIONEN

Füllung:	Salat:
1/2 Kürbis (ca. 300 g)	**2 Kohlrabi**
1,5 TL gemahlener Kreuzkümmel	**2 Äpfel**
1/2 TL gemahlener Koriander	**2 Karotten**
Salz, Pfeffer	**1 Knoblauchzehe**
1 Frühlingszwiebel	**150 g Naturjoghurt**
Roulade:	**Salz, Pfeffer**
500 g mehlige Kartoffeln	Außerdem:
200 g griffiges Mehl + etwas mehr	**4 TL gesalzene Kürbiskerne**
1 TL Speisestärke	**etwas frische Kresse**
2,5 TL Salz	
2 Eidotter	

1. Kürbis in mundgerechte Würfel schneiden und über Wasserdampf bzw. mit etwas Wasser weichkochen. Kürbisfleisch noch heiß pürieren und mit den Gewürzen abschmecken. Frühlingszwiebel putzen und sehr fein hacken, unter die Masse mischen.

2. Kartoffeln in reichlich Wasser weichkochen. Fertige Kartoffeln schälen und noch heiß durch eine Kartoffelpresse drücken. In die Mitte eine Mulde geben und Mehl, Speisestärke, Salz und Dotter hinzugeben. Alles zu einem glatten Teig verkneten und bei Bedarf noch etwas Mehl hinzugeben.

3. Anschließend auf einer Frischhaltefolie zu einem großen Rechteck (ca. 30 × 20 cm) ausrollen und gleichmäßig mit der Masse bestreichen.

Tipp

Wenn Sie keine große Pfanne oder keinen großen Topf haben, bereiten Sie aus der Masse mehrere kleine Rouladen zu. Wenn Sie keine mehligen Kartoffeln erhalten, bereiten Sie den Teig mit (vorwiegend) festkochenden zu.

Variationen

Braten Sie die Kartoffelroulade-Scheiben vor dem Servieren in einer Pfanne an. • Variieren Sie die Füllungen und verwenden Sie folgende Gemüsearten: Süßkartoffel / Spinat / Sellerie oder Kichererbsen

Info

Der Butternuss-Kürbis hat einen leicht buttrigen Geschmack, viel Fleisch und wenig Kerne. Dieser eignet sich sehr gut für Currys. • Der Hokkaido-Kürbis ist einer der bekanntesten Kürbisse und passt sehr gut für Rouladen oder cremige Suppen. Die Zubereitung geht schnell, da die Schale sehr dünn ist und so mitgekocht werden kann. • Der Muskatkürbis hat ein sehr aromatisches Fruchtfleisch und eignet sich ebenfalls gut für die Roulade. • Der Sweet-Dumpling-Kürbis schmeckt nach Maroni und verfeinert jedes Gericht mit seinem Aroma.

Teig aufrollen und in ein sauberes Küchentuch einrollen, auf beiden Seiten mit Küchengarn festbinden und je nach Dicke der Rolle für ca. 30–40 Minuten in siedendem Salzwasser garen.

4. Für den Salat Kohlrabi, Äpfel und Karotten schälen und grob raspeln. In einem Sieb vorsichtig ausdrücken. Knoblauch in das Joghurt pressen, salzen und pfeffern. Über die Kohlrabi-Apfel-Mischung gießen und gut verrühren.

5. Fertige Kartoffelroulade auswickeln und in Scheiben schneiden. Auf Tellern gemeinsam mit Salat anrichten und mit Kürbiskernen und Kresse garnieren.

Kartoffel-Gratin
mit Brokkoli

4 PORTIONEN

800 g Kartoffeln
1 Brokkoli (ca. 400 g)
Pflanzenöl zum Einfetten der Form
400 ml Milch
100 g Joghurt
4 Knoblauchzehen
1 Prise Muskat
3 TL getrocknetes Basilikum
Salz, Pfeffer
2 Eier
200 g Gratinkäse

1. Backofen auf 200 °C (Ober- und Unterhitze) vorheizen.

2. Kartoffeln schälen und in feine Scheiben raspeln. Vorsichtig mit den Händen auspressen. Brokkoli in einzelne Röschen teilen und für rund 5 Minuten weichgaren. Ofenfeste Form ausfetten und Kartoffeln sowie Brokkoli einfüllen.

3. Milch mit Joghurt und gepressten Knoblauchzehen gut verrühren. Mit den restlichen Gewürzen abschmecken, Eier unterrühren und über das Gemüse gießen. Mit Gratinkäse großzügig garnieren und im Ofen für rund 20—30 Minuten goldbraun backen.

Variationen

Für mehr Abwechslung können Sie auch Frischkäse mit Geschmack wie z. B. Paprika oder Liptauer verwenden. • Die Topfenknödel schmecken auch sehr gut auf Paprikaragout (S. 75).

No Food WASTE

Übrig gebliebenen Sellerie können Sie entweder als Fingerfood in Frischkäse dippen oder für Kartoffel-Kürbis-Gulasch (S. 197) verwenden. Zudem können Sie ihn zu würzigem Pesto (S. 181) verarbeiten.

Frischkäse-Topfenknödel
auf Pilzen

4 PORTIONEN

Knödel:	800 g Pilze nach Wahl
250 g Topfen	1 Frühlingszwiebel
175 g Kräuter-Frischkäse	1/2 Stange Sellerie
200 g Weizengrieß	1–2 EL Butter oder Pflanzenöl zum Braten
2 Eier	1 Zweig Rosmarin
2 EL frische gehackte Petersilie	Kräutersalz, Pfeffer
1 TL Salz	2 Cocktailtomaten

1. Für die Knödel Topfen mit Frischkäse, Grieß, Eiern, gehackter Petersilie und Salz gut vermengen. Die Masse für 30 Minuten im Kühlschrank stehen lassen.

2. In der Zwischenzeit die Pilze putzen und in mundgerechte Stücke schneiden. Frühlingszwiebel und Sellerie putzen und sehr fein schneiden. In einer Pfanne Butter oder Öl erhitzen, Frühlingszwiebel- und Selleriestücke gemeinsam mit Rosmarin für 3 Minuten bei mittlerer Hitze anbraten. Pilze hinzugeben und so lange garen, bis sie weich sind. Mit Salz und Pfeffer abschmecken und bei geschlossenem Deckel ziehen lassen.

3. Aus der Knödelmasse mit feuchten Händen 8 Knödel formen und in siedendes, nicht kochendes Wasser geben. Umrühren, sodass die Knödel nicht am Boden kleben bleiben. Für 5–8 Minuten ziehen lassen, bis die Knödel an der Oberfläche schwimmen.

4. Pilzmischung auf Tellern anrichten und darauf jeweils 2 Knödel setzen. Gewaschene Cocktailtomaten halbieren und die Teller damit garnieren.

Gebratene Melanzani in Tomatensauce

mit gesalzenem Schafsjoghurt und Pitabrot

4 PORTIONEN

Pitabrot:	Salz, Pfeffer
200 g Mehl + etwas mehr	**3 Gewürznelken**
1/2 Pkg. Trockengerm	**1 TL Koriandersamen**
1 TL Salz	**2 Pkg. stückige Tomaten**
1/2 TL Zucker	**2 TL Tomatenmark**
2 EL Olivenöl	**1/2 TL gemahlener Kreuzkümmel**
70 ml Milch (Zimmertemperatur)	**Salz, Pfeffer**
ca. 100 ml lauwarmes Wasser	**250 g Schafsjoghurt**
1 große Melanzani	**1 kleiner Bund Koriandergrün**
2–3 EL Olivenöl	

1. Für das Brot Mehl mit Trockengerm, Salz und Zucker in einer Schüssel verrühren. Olivenöl, Milch und so viel Wasser hinzugeben, bis sich die Zutaten zu einem glatten Teig verrühren lassen und auf dem Schüsselrand keine Mehlreste mehr haften bleiben. Mit etwas Mehl bestäuben und zugedeckt an einem warmen Ort für 30 Minuten gehen lassen, bis sich das Volumen verdoppelt hat.

2. In der Zwischenzeit Melanzani waschen, längs halbieren und in feine lange Scheiben schneiden. Auf ein Blech legen, mit reichlich Olivenöl übergießen und salzen und pfeffern. Im Backofen bei 175 °C (Ober- und Unterhitze) für rund 20 Minuten braten. Dabei gelegentlich wenden.

3. In der Zwischenzeit in einer Pfanne zuerst die Gewürznelken ohne Fett anrösten. Nach 1 Minute die Koriandersamen hinzugeben und so lange anrösten, bis sie duften. Aus der Pfanne nehmen und fein mörsern.

Variationen

Anstatt frischem Koriander können Sie auch Petersilie verwenden. • Für veganes Pitabrot verwenden Sie Sojadrink statt Milch. • Dazu schmeckt auch sehr gut das Rosmarin-Weißbrot (S. 118). • Probieren Sie das Gericht auch mal mit Zucchini.

Vorbereitungs TIPP

Bereiten Sie das Brot bereits am Vortag vor. Brot lagern Sie am besten in einem Brotbehälter oder Stoffsackerl. Auch die Melanzani können Sie gut vorbereiten und kurz vor dem Genießen nochmals erwärmen.

Gewürze mit stückigen Tomaten in die Pfanne geben. Tomatenmark und 200 ml Wasser beimengen und kurz köcheln lassen. Mit Kreuzkümmel sowie Salz und Pfeffer würzen. Bei milder Hitze ziehen lassen.

4. Ofen auf 220 °C (Ober- und Unterhitze) vorheizen. Auf einer bemehlten Arbeitsfläche den Teig in 8 gleich große Teigstücke (à ca. 45 g) teilen. Zu Kugeln formen, mit Mehl bestäuben und mit einem Nudelwalker zu dünnen Fladen ausrollen. Blech mit Backpapier belegen, die Fladen darauflegen und für 5 Minuten backen. Achten Sie darauf, dass die Fladen nicht zu braun werden und die weiche Konsistenz erhalten bleibt. Aus dem Ofen nehmen und kurz abkühlen lassen. Pitabrot auf ein Brett legen und mit einem zweiten flach drücken.

5. Schafsjoghurt leicht salzen. Melanzani mit Tomatensauce auf einem großen Teller anrichten, mit gehacktem Koriandergrün bestreuen und mit Pitabrot sowie Joghurt servieren.

Variationen

Eine Quiche ist eine tolle Resteverwertung. Sie können nach Lust und Laune kombinieren. • Schmeckt auch sehr gut mit Schafskäse. • Ersetzen Sie einen Teil der Paprika mit Lauchgemüse. • Ersetzen Sie einen Teil des Schlagobers durch Milch oder diversen anderen pflanzlichen Drinks.

Info

Beim Mürbteig ist es sehr wichtig, dass die Zutaten kalt sind und diese auch rasch zu einem Teig verarbeitet werden.

Vorbereitungs TIPP

Den Mürbteig können Sie bereits am Vortag zubereiten. Wenn es schneller gehen soll, dann verwenden Sie gekauften Mürb- oder Blätterteig. Die Quiche schmeckt auch nochmals aufgewärmt wie frisch.

Gegrillte Paprika-Ziegenkäse-Quiche

1 QUICHEFORM (Ø 26)

Mürbteig:	2 EL Olivenöl
250 g Mehl	**2 Zweige Rosmarin**
1/2 TL getrockneter Rosmarin	**5 Scheiben Ziegenkäse**
125 g kalte Butter	**140 g Ziegenfrischkäse**
1 Ei	**250 ml Schlagobers**
Füllung:	**1 TL Speisestärke**
2 rote Paprika	**1 TL getrockneter Rosmarin**
1 gelbe Paprika	**2 Eier**
1 grüne Paprika	**Salz, Pfeffer**

1. Für den Teig Mehl mit Rosmarin vermengen. Butter in kleine Würfel schneiden und in das Mehl einarbeiten, bis eine leicht krümelige Masse entsteht. Das Ei hinzugeben und alles schnell zu einem glatten Teig verarbeiten. In Frischhaltefolie gewickelt für 30 Minuten im Kühlschrank kühlen.

2. Backofen auf 200 °C (Ober- und Unterhitze) vorheizen. Paprikaschoten waschen und in ca. 1 cm breite Streifen schneiden. Mit Öl gut vermengen, gemeinsam mit Rosmarin auf ein Backblech legen und für 30 Minuten braten, bis die Paprika leicht bräunlich werden.

3. Teig auf einer leicht bemehlten Arbeitsfläche in der Größe der Quicheform ausrollen. Form mit etwas Öl einfetten, den Teig darüberlegen und mit den Fingern an den Rändern und am Boden sanft andrücken. Überstehenden Teig entfernen und den Teigboden mit einer Gabel mehrmals einstechen. Den Boden mit Ziegenkäsescheiben auskleiden und zwei Drittel der Paprikastreifen darauflegen. Rosmarinzweige für die Garnitur beiseitelegen. Ziegenfrischkäse mit Schlagobers, Speisestärke, Rosmarin und Eiern verrühren. Salzen, pfeffern und in die Form gießen. Die restlichen Paprikastreifen sanft eindrücken, sodass sie noch herausschauen. Für rund 30–40 Minuten bei 175 °C (Ober- und Unterhitze) backen, bis die Masse stockt und goldbraun ist.

4. Fertige Quiche mit den Rosmarinzweigen garnieren.

Zucchini

Geschmorter Tofu
mit Zucchini und Salzzitrone in Weißwein-Safran-Sauce

4 PORTIONEN

200 ml Weißwein	1 kleines Stück Ingwer (ca. 3 cm)
1/2 Pkg. Safran (0,06 g)	3 EL Olivenöl
400 g Chili-Tofu	3 EL Crème fraîche
1/2 Salzzitrone	Salz, Pfeffer
1 große Zucchini	ca. 2 TL Sambal Oelek
2 Tomaten	200 g Couscous
1 Zwiebel	1 EL Cranberries
2 Knoblauchzehen	1/2 Bund Koriandergrün

1. Weißwein und Safranfäden in einer Schüssel ansetzen. Tofu in mundgerechte Stücke schneiden. Salzzitrone vierteln. Zucchini waschen und in ca. 4 cm lange Stifte schneiden. Tomaten waschen und würfeln. Zwiebel und Knoblauch schälen und fein hacken. Ingwer schälen und fein raspeln.

2. In einer tiefen Pfanne oder in einem Bräter Öl erhitzen, Zwiebel und Ingwer glasig dünsten. Tofuwürfel, Knoblauch, Salzzitrone, Zucchini und Tomaten hinzugeben, für 5 Minuten anbraten und anschließend mit Safran-Weißwein und 300 ml Wasser ablöschen. Für rund 25 Minuten bei mittlerer Hitze und geöffnetem Deckel schmoren. Crème fraîche einrühren. Mit Salz, Pfeffer und Sambal Oelek nach Geschmack würzen.

3. Couscous in einer Schüssel mit heißem Wasser übergießen, sodass alles bedeckt ist, und ausquellen lassen. Mit einer Gabel etwas auflockern und mit Cranberries bestreuen.

4. Geschmorten Tofu mit gehacktem Koriander garnieren und mit Couscous servieren.

Vorbereitung SALZZITRONE

Zitronen heiß abwaschen und die Spitzen abschneiden. Anschließend in ein verschließbares Gefäß geben, mit kaltem Wasser bedecken und rund 4 Tage stehen lassen. Das Wasser sollte jeden Tag gewechselt werden. Zitronen abtropfen lassen und längs viermal einschneiden (rund 1 cm tief). Jede Spalte mit 1/4 TL Salz/Meersalz füllen und wieder in ein Einmachglas schichten. Den Saft von 1 Zitrone darübergießen und 1–2 EL Meersalz hinzugeben. Anschließend das Glas wieder mit kochendem Wasser füllen und ca. 3 Wochen stehen lassen.

Info

Salzzitronen sind eingelegte Zitronen und besonders in der marokkanischen Küche beliebt.

Tipp

Sie können anstatt mehlige auch herkömmliche Kartoffeln verwenden.

Variationen

Für rote Gnocchi verwenden Sie Tomatenmark. • Für gelbe Gnocchi verwenden Sie Gelbwurz oder für einen orientalischen Geschmack Curry-Pulver. • Die Sauce schmeckt auch sehr gut mit Schafskäse oder Parmesan.

Grüne Gnocchi
mit Gorgonzola-Sauce und Rote-Rüben-Würfeln

4 PORTIONEN

Gnocchi:	Außerdem:
100 g passierter TK-Spinat	**200 g Gorgonzola**
800 g mehlige Kartoffeln	**150 ml Schlagobers**
240 g griffiges Mehl + etwas mehr	**4 EL Milch**
2 Eier	**Salz, Pfeffer**
1 Prise Muskat	**2 kleine essfertige rote Rüben**
1 TL Salz	

1. Für die Gnocchi Spinat auftauen lassen und die Kartoffeln in reichlich Wasser weichkochen.

2. Fertige Kartoffeln schälen und durch eine Kartoffelpresse drücken, alternativ mit einem Kartoffelstampfer sorgfältig zerdrücken. Auf eine leicht bemehlte Arbeitsfläche geben, eine Mulde hineindrücken und etwas auskühlen lassen.

3. In die Mulde Spinat, Mehl, Eier, Muskat und Salz geben und alles zu einem glatten Teig verarbeiten. Geben Sie nicht zu viel Mehl hinzu, damit die Masse nicht zu fest wird.

4. Teig auf einer bemehlten Arbeitsfläche zu mehreren Rollen formen und walnussgroße Kugeln abschneiden. Etwas flachdrücken und mit einer Gabel typische Rillenmuster eindrücken.

5. Gnocchi in siedendem Wasser so lange ziehen lassen, bis sie an der Oberfläche schwimmen. Mit einer Schöpfkelle abseihen.

6. In einem Topf gewürfelten Gorgonzola mit Schlagobers und Milch aufkochen und glattrühren, etwas pfeffern. Gnocchi darin schwenken und für 2 Minuten ziehen lassen. In der Zwischenzeit rote Rüben feinwürfelig schneiden. Gnocchi nochmals mit Salz und Pfeffer abschmecken.

7. Gnocchi auf tiefen Tellern anrichten und mit Rote-Rüben-Würfeln garniert servieren.

Variationen

Verwenden Sie anstatt Schaffrischkäse Hüttenkäse, Feta oder Hummus. • Bereiten Sie die Pizza mit Brokkoli anstatt Karfiol zu. • Garnieren Sie die Pizza mit frischem Babyspinat. • Ersetzen Sie die Mandeln durch Kürbiskerne. • Für eine Spinat-Schafskäse-Pizza würzen Sie passierten Spinat und streichen Sie ihn gleichmäßig auf die Pizza. Anschließend mit Schafskäse bestreuen und nach Belieben mit Knoblauchöl begießen.

Karfiolpizza
mit Melanzani und gerösteten Mandeln

2 PORTIONEN

Pizzateig:	2 EL Sonnenblumenöl
1 kleiner Karfiol (ca. 800 g)	2 EL gehackte Mandeln
2 Eier	1/2 Glas Tomatenpesto
160 g geriebener Käse	frisch gemahlener Pfeffer
1 TL getrockneter Oregano	80 g Schaffrischkäse
Belag:	25 g Rucola
1 Melanzani	6 Cocktailtomaten

1. Backofen auf 150 °C (Umluft) vorheizen.

2. Die Blätter und den Strunk des Karfiols entfernen und Karfiol entweder in einer Küchenmaschine zerkleinern oder mit einem Küchenmesser sehr fein hacken. Anschließend auf einem mit Backpapier belegten Blech gleichmäßig verstreuen und zum Trocknen für ca. 10 Minuten in den Ofen geben. Beobachten Sie den Karfiol, er sollte dabei nicht braun werden.

3. In der Zwischenzeit Eier mit Käse und Oregano verrühren. Karfiolbrösel aus dem Ofen nehmen, vom Blech ziehen und für ein paar Minuten auskühlen lassen. Mit der Eier-Käse-Mischung gut verrühren und auf einem mit Backpapier belegten Blech zu 2 runden Pizzas formen. Für weitere 10–15 Minuten backen, bis die Pizza braun wird.

4. In der Zwischenzeit Melanzani waschen, halbieren und in 6 dünne Streifen schneiden. In einer Pfanne Öl stark erhitzen und die Melanzani auf beiden Seiten braun braten. In einer weiteren Pfanne Mandeln ohne Fett anrösten, bis sie zu duften beginnen.

5. Fertige Karfiolpizza mit Tomatenpesto bestreichen, mit Melanzani belegen und mit Pfeffer bestreuen. Schaffrischkäse gleichmäßig darauf verteilen und mit Rucola belegen. Tomaten waschen, halbieren und die Pizza damit dekorieren.

Vorbereitungs
TIPP

Bereiten Sie die Lasagne vor und backen Sie diese erst kurz vor dem Servieren.

Variationen

Falls Sie den Geschmack von Dolcelatte nicht mögen, können Sie stattdessen Ricotta verwenden. • Für eine mediterrane Lasagne verwenden Sie anstatt Karotten Zucchini und Melanzani, anstatt Dolcelatte Pecorino. • Falls Sie keinen gemahlenen Ingwer erhalten, nehmen Sie stattdessen frischen. • Dieses Rezept schmeckt auch sehr gut mit Blattspinat und Schafskäse.

Karotten-Lasagne
mit Dolcelatte

4 PORTIONEN

Tomatensauce:	100 g passierte Tomaten
700 g Tomaten	**1 kleines Bund Basilikum**
2 Zwiebeln	Außerdem:
5 Knoblauchzehen	**300 g Karotten**
2 EL Olivenöl	**150 g Dolcelatte**
1 EL Zucker	**1 Pkg. Lasagneblätter**
3 EL Tomatenmark	**25 g frisch geriebener Parmesan**
1/2 TL gemahlener Ingwer	**1 kleines Stück Lauch oder**
Salz, Pfeffer	**Frühlingszwiebel**

1. Backofen auf 200 °C (Ober- und Unterhitze) vorheizen.

2. Tomaten klein schneiden. Zwiebeln und Knoblauch schälen und sehr fein hacken. In einem Topf Öl erhitzen und Zwiebeln glasig andünsten. Zucker darüberstreuen und für 2 Minuten karamellisieren. Tomaten, Knoblauch, Tomatenmark und Ingwer hinzugeben und für 10−15 Minuten köcheln lassen, bis eine feine Sauce entsteht. Nach Geschmack salzen und pfeffern. Zuletzt passierte Tomaten und fein gehacktes Basilikum unterrühren.

3. In der Zwischenzeit Karotten schälen und in feine Streifen schneiden. Dolcelatte feinwürfelig schneiden.

4. In einer Auflaufform zuerst ein wenig Tomatensauce verteilen. Lasagneblätter und 1/3 der Karottenstreifen darauflegen. Mit 1/3 der Tomatensauce begießen und mit 1/3 Dolcelatte bestreuen. Die restlichen 2 Schichten ebenso zubereiten. Als letzte Schicht mit Dolcelatte und Parmesan bestreuen. Lauch in sehr feine Ringe schneiden und darüberlegen.

5. Im Ofen auf der mittleren Schiene für ca. 25 Minuten backen, bis die Lasagne weich ist.

Kräuter-Topfennockerln
auf Blaukraut mit Maroni

4 PORTIONEN

Blaukraut:	2 Wacholderbeeren	175 g Kräuter-Frischkäse
1 Kopf Blaukraut (ca. 1 kg)	**1 Zimtstange**	**2 Eidotter**
1/2 säuerlicher Apfel	**100 ml Rotwein**	**40 g Mehl**
1 Zwiebel	**250 ml klare Gemüsesuppe**	**20 g Weizengrieß**
3 EL Pflanzenöl		**10 g frisch geriebener Parmesan**
1 EL Zucker	**1 TL Speisestärke**	
3 EL Apfelessig + etwas mehr	**Salz, Pfeffer**	**40 g gemischte frische Kräuter (z. B. Petersilie, Schnittlauch …)**
	200 g essfertige Maroni	
1 Lorbeerblatt	Nockerln (ergibt 20 Stück):	**1 TL Salz**
2 Gewürznelken	**500 g streichfähiger Topfen**	**Pfeffer**

1. Für das Blaukraut die äußeren Blätter des Kraut-
kopfes entfernen, den Kopf vierteln und den Strunk
entfernen. Kraut mithilfe eines Gemüsehobels in sehr
feine Streifen raspeln. Apfel schälen und fein raspeln.
Zwiebel schälen und sehr fein hacken.

2. In einem hohen Topf Öl erhitzen und Zwiebel
mit Zucker glasig andünsten. Mit Essig ablöschen.
Blaukrautstreifen und Apfelraspel gemeinsam
mit den Gewürzen (Lorbeerblatt, Gewürznelken,
Wacholderbeeren, Zimtstange) hinzugeben, kurz
anrösten und mit Rotwein ablöschen. Gemüsesuppe
hinzugeben und für 40 Minuten zugedeckt bei milder
Hitze köcheln lassen. Dabei gelegentlich umrühren
und bei Bedarf noch etwas Wasser beimengen.

3. In der Zwischenzeit für die Nockerln Topfen,
Frischkäse, Eidotter, Mehl, Grieß und Parmesan
cremig rühren. Kräuter waschen, abtropfen lassen

und sehr fein hacken. Unter die Masse rühren und
mit Salz und Pfeffer abschmecken. Zugedeckt für
20 Minuten stehen lassen, damit Mehl und Grieß
etwas anziehen können.

4. Mit zwei feuchten Esslöffeln etwas Teig nehmen
und Nockerln formen, die Löffel sollten dabei immer
etwas feucht sein. In reichlich siedendem Wasser für
4 Minuten kochen lassen, vom Herd nehmen und für
10 Minuten ziehen lassen.

5. 3 EL Apfelessig mit 1 TL Speisestärke verrühren,
zum Blaukraut geben und gut umrühren. Nach
Geschmack mit Salz und Pfeffer abschmecken.

6. Kurz vor dem Servieren Maroni unter das Blaukraut rühren. Nockerln abtropfen lassen und mit
dem heißen Blaukraut servieren.

Vorbereitungs
TIPP

Das Blaukraut können Sie bereits
am Vortag vorbereiten.

No Food
WASTE

Frieren Sie die restlichen Nockerl
ein oder genießen Sie sie kalt.

Mariniertes Karfiol-Fenchel-Gemüse
mit Feigen auf cremiger Parmesan-Polenta

4 PORTIONEN

Gemüse:	
1/2 Kopf Karfiol (ca. 700 g)	1/2 TL Pfefferkörner
1 Fenchelknolle	2–3 getrocknete Feigen
100 ml Olivenöl	Polenta:
100 ml klare Gemüsesuppe	500 ml klare Gemüsesuppe
1 EL Honig	500 ml Milch
1 TL Salz + etwas mehr	160 g Polenta (Maisgrieß)
Saft von 1 Zitrone	Pfeffer
	100 g frisch geriebener Parmesan

1. Karfiol putzen und in Röschen teilen. Fenchel putzen und etwas Grün für die Garnitur beiseitelegen. Den Strunk entfernen und die Knolle vierteln. Karfiol in kochendem Wasser für rund 5 Minuten vorgaren, bis er bissfest ist.

2. In der Zwischenzeit für die Marinade Olivenöl mit Gemüsesuppe, Honig, Salz und Zitronensaft gut verrühren. Pfefferkörner in einem Mörser leicht zerstoßen und mit fein gehackten Feigen in die Marinade rühren. Karfiol mit Fenchel in einer großen Schüssel marinieren und für 45 Minuten stehen lassen.

3. Zuerst den Fenchel in einer großen Pfanne rundherum scharf anbraten und anschließend das restliche Gemüse samt Marinade hinzugießen und so lange anbraten, bis die Flüssigkeit weitgehend verdampft ist. Nach Belieben noch etwas nachsalzen.

4. Für die Polenta Gemüsesuppe mit Milch in einem Topf aufkochen. Polenta einrühren, pfeffern und so lange unter Rühren köcheln lassen, bis sie eine cremige Konsistenz hat. Parmesan einrühren.

5. Polenta mit dem Gemüse auf Tellern anrichten. Mit dem beiseitegelegten Fenchelgrün garnieren.

Tipp

Um sicherzugehen, dass die Knödel nicht zerfallen, kochen Sie zuerst einen Probeknödel. Oder dämpfen Sie diese über Wasser.

Spinatknödel
mit Salbeibutter, serviert mit Vogerlsalat

4 PORTIONEN

Knödel:	150 ml Milch	Vogerlsalat:
1 Zwiebel	**60 g Butter**	**100 g Vogerlsalat**
3 Knoblauchzehen	**2 Eier**	**2 EL Apfelessig**
3 EL Pflanzenöl	**200 g Semmelwürfel**	**2 EL Olivenöl**
150 g aufgetauter TK-Blattspinat	**2 EL Mehl + etwas mehr**	**2 EL gehackter frischer Schnittlauch**
1 Prise Muskat	**etwas frisch geriebener Parmesan**	**Salz, Pfeffer**
2 EL gehackte frische Petersilie	Salbeibutter:	**40 g Räuchertofu**
Salz, Pfeffer	**70 g Butter**	**1 EL Pflanzenöl**
	10 Salbeiblätter	

1. Für die Knödel Zwiebel und Knoblauch schälen und feinwürfelig schneiden. In einer Pfanne in erhitztem Öl glasig dünsten, gehackten Blattspinat hinzugeben und mit Muskat, Petersilie, Salz und Pfeffer würzen.

2. Milch, flüssige Butter und Eier verrühren, über die Semmelwürfel gießen und mit Mehl bestäuben. Blattspinat beimengen und alles mit den Händen zu einer Masse kneten. Für rund 30 Minuten ziehen lassen. Wenn die Masse zu trocken ist, geben Sie noch etwas Milch hinzu. Wenn die Masse zu flüssig ist, geben Sie noch etwas Mehl zum Binden hinzu.

3. Mit feuchten Händen Knödel formen, in Mehl wenden, in siedendes (nicht sprudelndes!) Wasser geben und für rund 15 Minuten ziehen lassen.

4. Für die Salbeibutter Butter mit Salbeiblättern kurz aufkochen und für 5 Minuten bei milder Hitze ziehen lassen. Salbeiblätter herausholen und auf Küchenpapier abtropfen lassen.

5. Vogerlsalat waschen und abtropfen lassen. Für die Marinade Essig, Öl und Schnittlauch mit 1 EL Wasser verrühren. Salzen und pfeffern. In einer Pfanne Räuchertofu in Öl anrösten und auf den Vogerlsalat streuen.

6. Spinatknödel mit Salbeibutter übergießen und mit etwas Parmesan bestreuen. Nach Belieben mit Salbeiblättern dekorieren. Dazu den Vogerlsalat servieren.

Überbackene Eiernockerln
mit Gurkensalat

Variationen

Für die klassischen Eiernockerln verwenden Sie Wasser anstatt Gemüsesaft. • Schmeckt auch sehr gut mit Rote-Rüben-Saft. • Nockerln sind eine gute Gemüse-Resteverwertung. Schneiden Sie übrig gebliebenes Gemüse klein, rösten Sie es in einer Pfanne an und geben Sie die fertigen Nockerln hinzu. So schmecken Nockerln mit Champignons und Babyspinat köstlich. Oder probieren Sie sie im Winter mit Wurzelgemüse.

4 PORTIONEN

Nockerln:	3 Knoblauchzehen	1 Bio-Zitrone
500 g griffiges Mehl	**1/2 Bund frischer Schnittlauch**	**2 TL Zucker**
2 EL Pflanzenöl	**2 EL Butter**	**2 EL gehackter frischer Dill**
2 TL Salz	**3 Eier**	**2 EL Kräuteressig**
800 ml Gemüsesaft	**Salz, Pfeffer**	**1 EL Sonnenblumenöl**
2 Eier	**100 g Käse**	**2 Knoblauchzehen**
Außerdem:	Gurkensalat:	**Salz**
1 kleine Zwiebel	**1 Salatgurke**	**1/2 EL schwarzer Sesam**

1. Reichlich Salzwasser zum Sieden bringen. In eine Schüssel Mehl, Öl, Salz, Gemüsesaft und Eier geben Mit einem Kochlöffel sorgfältig verrühren. Teig auf ein feuchtes Brett geben, mithilfe eines feuchten Messers Nockerln abstechen und in das Wasser gleiten lassen. Dabei gelegentlich mit einem Kochlöffel vorsichtig umrühren, damit die Nockerln nicht zusammenkleben. Sobald sie oben schwimmen, mit einer Schöpfkelle abschöpfen und abtropfen lassen.

2. Zwiebel und Knoblauch schälen und sehr fein hacken. Schnittlauch fein hacken und 2 EL für die Garnitur beiseitestellen. Butter in einer ofenfesten Pfanne zergehen lassen und Zwiebel und Knoblauch glasig dünsten. Nockerln hinzugeben und kurz anbraten lassen. Eier mit 3 EL Schnittlauch, Salz und Pfeffer verrühren und über die Nockerln gießen. Zügig verrühren und so lange bei mittlerer Hitze anbraten, bis die Eiermasse stockt. Mit Käse bestreuen und im vorgeheizten Backofen bei Oberhitze (200 °C) so lange backen, bis der Käse geschmolzen ist.

3. In der Zwischenzeit Gurke in feine Scheiben hobeln. Für die Marinade Zitronensaft, 1/2 TL abgeriebene Zitronenschale, Zucker, Dill, Essig, Öl und gepressten Knoblauch verrühren. Mit Salz abschmecken. Salat mit der Marinade übergießen und vermischen. Vor dem Servieren mit Sesam bestreuen.

4. Eiernockerln mit dem restlichen Schnittlauch garnieren und mit Salat servieren. Mit etwas Pfeffer bestreuen und genießen.

Die Nachhaltigen

Lebensmittel sind wertvoll! Leider werden heutzutage viel zu viele weggeworfen – obwohl sie noch gut sind. Mir bricht es das Herz, wenn ich sehe, wie respektlos teilweise mit Essen umgegangen wird. Diese Rezepte sollen Sie inspirieren, Lebensmittelreste im Kühlschrank zu verwerten und auch möglichst alles von einem Gemüse zu verwenden. Welkes und nicht mehr knackiges Gemüse lässt sich sehr gut verkochen. Auch hart gewordenes Brot muss nicht immer weggeschmissen werden.

Info

Der Salat eignet sich auch wunderbar zum Mitnehmen ins Büro oder für ein Picknick an einem schönen Sommertag.

Variationen

Genießen Sie im Sommer die herrliche Farbenvielfalt der Tomaten. • Garnieren Sie den Salat vor dem Servieren noch mit frischen Feigen. • Bei vielen Rezepten bleiben oftmals Gemüsereste übrig, bereiten Sie sie verzehrfertig zu und geben Sie sie dann zum Salat. • Variieren Sie beim Käse: Der Salat schmeckt sowohl mit Schafskäse als auch Hart- oder Weichkäse gut. Wie wärs mal mit Gorgonzola?

Brotsalat

4 PORTIONEN

300 g altes Brot	**200 ml Balsamicoessig**
100 g Gurke	**3 EL Olivenöl**
180 g Tomaten	**Salz, Pfeffer**
1/2 Bund Radieschen (inklusive Grün)	**50 g Rucola**
200 g Käse (z. B. Schafskäse, Mozzarella, Hartkäse …)	**30 g Kerne oder Nüsse (z. B. Sonnenblumenkerne, gesalzene Erdnüsse, Haselnüsse …)**

1. Brot in mundgerechte Stücke schneiden. Gurke und Tomaten waschen und ebenfalls würfeln. Radieschen waschen und in feine Scheiben schneiden. Das Grün von zwei Radieschen waschen und in feine Streifen schneiden. Käse würfeln.

2. Brot gemeinsam mit Gurke, Tomaten und Radieschen mit Essig und Öl übergießen, gut vermengen. Für rund 15 Minuten ziehen lassen. Bei Bedarf noch etwas Wasser hinzugeben.

3. Vor dem Servieren mit Salz und Pfeffer abschmecken. Gewürfelten Käse, Radieschengrün und Rucola unterheben und mit Kernen oder Nüssen bestreut servieren.

Ich liebe frisch gebackenes Brot und kann gar nicht genug davon bekommen. Leider überkommt es mich manchmal und ich backe zu viel. Und wenn ich es nicht rechtzeitig einfriere, wird es hart. Zum Glück muss es nicht weggeschmissen werden, nur weil es hart wurde. Aus altem Brot kann man Brotwürfel schneiden und für Knödel oder als Suppeneinlage verwenden. Oder man bereitet einen köstlichen Sommersalat wie diesen Brotsalat zu. Kombinierbar mit jeglicher Art von Gemüse und Käse. Denn irgendwelche Reste hat man immer im Kühlschrank.

In der kühleren Jahreszeit können Sie damit wärmende Gerichte wie Scheiterhaufen zubereiten. Entweder klassisch süß oder pikant (S. 184). Übrigens, am besten lagern Sie es in einem geeigneten Brotbehälter oder in einem Stoffsackerl.

Ich probiere immer, so weit wie möglich alles vom Gemüse zu verwerten, sowohl die Blätter als auch die Schalen. Das Grün von einigen Gemüsesorten (Radieschen, Kohlrabi, Karotten, roten Rüben …) ist natürlich auch genießbar und kann gleich mit verkocht werden. So habe ich es auch in diesem Rezept gemacht. Wenn Sie Schale und Blätter ebenso verwenden, achten Sie darauf, dass das Gemüse aus biologischem Anbau stammt, damit keine Chemikalien mitgegessen werden.

Crêpes sind nicht nur eine gute Resteverwertung für Eier, sondern auch für Milch oder sonstige pflanzliche Drinks wie Soja-, Reis- oder Haferdrink. Für die Füllung können Sie jedes mögliche Gemüse verwerten. Lassen Sie Ihrer Fantasie und Ihrem Geschmack freien Lauf und füllen Sie die Crêpes nach Lust und Laune.

Crêpes mit gegrillten Paprikastreifen
und Radieschen

4 PORTIONEN

1 gelbe Paprika	**1 Bund Bio-Radieschen**
2 EL Olivenöl	**2 Stiele Petersilie**
450 ml Milch	**Butter zum Anbraten**
180 g Mehl	**1 Pkg. Frischkäse**
3 Eier	**50 g frisch geriebener Parmesan**
1 TL Salz	

1. Paprika putzen und in feine Streifen schneiden. In einer Pfanne Öl erhitzen und Paprikastreifen bei mittlerer Hitze auf beiden Seiten anbraten. In Alufolie wickeln und warm halten.

2. In der Zwischenzeit Milch mit Mehl, Eiern und Salz verquirlen. 20–30 g Radieschengrün waschen, gut abtropfen lassen und gemeinsam mit Petersilie in sehr feine Streifen schneiden, zum Crêpesteig geben.

3. Backofen auf 50 °C (Ober- und Unterhitze) vorheizen. Butter in einer Pfanne erhitzen und mit einem Schöpflöffel eine kleine Menge des Teiges eingießen – die Pfanne dabei schwenken, damit sich der Teig schnell verteilen kann. Der Pfannenboden soll dabei bedeckt sein. Sobald der Teig gestockt ist und die Ränder braun werden, mit einem Pfannenwender die Crêpes etwas hochheben. Ist die untere Seite bereits goldbraun, vorsichtig wenden und auf der anderen Seite braun backen. Mit dem restlichen Teig ebenso verfahren und nach jeder fertig gebackenen Crêpe erneut etwas Butter in der Pfanne zergehen lassen. Die fertigen Crêpes in der Zwischenzeit auf einem Teller im Backofen warm halten.

4. Radieschen waschen und in feine Streifen schneiden. Fertige Crêpes mit Frischkäse bestreichen, mit Paprika- sowie Radieschenstreifen belegen und zusammenklappen. Mit Parmesan bestreuen und servieren.

Tipp

Servieren Sie dazu einen grünen Salat.

Variationen

Probieren Sie das Rezept mit Spargel oder Tomaten. • Oder servieren Sie die Crêpes mit einer Käsesauce: Käsereste mit etwas Schlagobers aufkochen und nach Geschmack pfeffern. • Anstatt Radieschengrün können Sie auch Karottengrün verwenden. • Füllen Sie die Crêpes mit jeglichen Aufstrich- oder Pestoresten. • Falls Sie vergessen haben, Eier zu kaufen, geben Sie etwas Mineralwasser hinzu. Achten Sie aber darauf, dass der Teig nicht zu dünnflüssig wird.

 *Kartoffeln*

Healthy TIPP

Dazu passt sehr gut ein grüner Salat. Kochen Sie die Kartoffeln mit der Schale, damit nicht so viele Vitamine verloren gehen.

No Food WASTE

Falls Sie zu viel Gröstl gekocht haben, können Sie sie anstatt der Pfifferlinge für die Frittata verwenden: Gröstl mit Eiermasse übergießen und nach Rezept zubereiten (S. 166).

Variationen

Kartoffel-Pfifferling-Gröstl mit Ei ist eine wunderbare spätsommerliche Mahlzeit. • Für ein winterliches Gröstl können Sie es mit fein geriebenem Kraut oder Kohlsprossen zubereiten. • Im Sommer schmeckt es sehr gut mit Babyspinat, Rucola oder Pilzen. • Übergießen Sie das Gröstl vor dem Servieren mit Kürbiskernöl.

Kartoffelgröstl
mit grünen Bohnen

4 PORTIONEN

1 kg Kartoffeln
2 Frühlingszwiebeln
3 Stiele Petersilie
300 g grüne Bohnen
100 g Räuchertofu
4 EL Pflanzenöl
4–5 EL süßer Senf

1. Kartoffeln in reichlich Wasser bissfest garen. In der Zwischenzeit Frühlingszwiebeln putzen und samt Grün in feine Ringe schneiden. Petersilie abzupfen und fein hacken. Grüne Bohnen waschen, die Enden abschneiden und halbieren. In Wasser al dente kochen. Tofu feinwürfelig schneiden.

2. Sobald die Kartoffeln fertig sind, schälen und in Scheiben schneiden. In einer großen Pfanne Öl erhitzen und die Frühlingszwiebeln gemeinsam mit den Tofuwürfeln für rund 3 Minuten anbraten. Kartoffelscheiben hinzufügen und bei mittlerer Hitze auf beiden Seiten kross braten. Bohnen und Petersilie hinzufügen, alles gut verrühren und nochmals für 5 Minuten ziehen lassen.

3. Gröstl anrichten und mit Senf servieren.

Kartoffeln bekommt man im Supermarkt leider meist nur abgepackt in größeren Mengen. Auch wenn man gar nicht so viele braucht, muss man gleich 1–2 kg kaufen. Daher ist mein Lieblings-Kartoffel-und-Gemüse-Verwertungs-Rezept ein Gröstl. Es ist nicht nur einfach zuzubereiten, sondern man kann es auch mit jedem beliebigen Gemüse aus dem Gemüsefach kombinieren. Für das Gröstl können Sie jede Art von Kartoffeln verwenden. Variieren Sie beim Gemüse und verwenden Sie, was Sie im Kühlschrank finden.

Tipp

Servieren Sie dazu einen frischen Salat und Brot.

Variationen

Anstatt Pfifferlinge können Sie jegliches Gemüse verwenden, das Sie im Kühlschrank finden. • Probieren Sie die Frittata mit Tomaten. • Die Frittata ist auch eine gute Kräuterverwertung.

Frittata
mit Pfifferlingen und Salbei

4 PORTIONEN

160 g Frischkäse
3 EL Milch
6 Eier
Salz, Pfeffer
250 g Pfifferlinge
1 kleiner Zweig Rosmarin
6 Salbeiblätter
2 Knoblauchzehen
Butter zum Anbraten

1. Backofen auf 200 °C (Oberhitze) vorheizen.

2. Frischkäse mit Milch glattrühren. Eier mit einer Gabel verquirlen und mit der Frischkäsemasse gut verrühren, salzen und pfeffern.

3. Pfifferlinge putzen und feinblättrig schneiden. Rosmarinnadeln vom Zweig entfernen und gemeinsam mit Salbei hacken. In einer sehr großen ofenfesten Pfanne etwas Butter zergehen lassen und die Pfifferlinge mit den Kräutern und dem gepressten Knoblauch für 3–4 Minuten anbraten. Die Eiermischung darübergießen, kurz anbraten und bei milder Hitze und geschlossenem Deckel garen, bis die Frittata leicht zu stocken anfängt. Anschließend im Rohr auf der mittleren Schiene für rund 10 Minuten fertig backen, bis sie braun ist.

4. Aus dem Ofen nehmen, herausheben und in Dreiecke schneiden.

Letztes Wochenende wollte ich einen Cheesecake backen und habe bereits alle Zutaten dafür eingekauft. Leider kam etwas dazwischen und die Zutaten blieben unberührt im Kühlschrank liegen. Kein Problem, denn eine Frittata ist eine ideale Eier- und Frischkäseverwertung. Mit knackigem Gemüse dazu ist sie eine leichte Sommermahlzeit.

Bei einigen Rezepten braucht man nicht das komplette Gemüse, d. h., Reste bleiben in der Gemüselade liegen. Damit sie nicht schlecht werden, verwenden Sie sie für Gemüsespieße. Zubereitet in der Pfanne oder am Grill sind sie eine köstliche leichte Mahlzeit.

Tipp

Mit Fladenbrot oder Knoblauch-baguette servieren.

Variationen

Haben Sie schon mal Karfiol- oder Brokkoli-Spieße gegessen? Schmeckt köstlich. Garen Sie aber dafür das Gemüse bereits etwas vor. • Die Marinade können Sie mit den unterschiedlichsten Kräutern variieren.

Gegrillter Zucchini-Spieß
mit Honig-Soja-Marinade

8 SPIESSE

Marinade:	Spieße:
8 EL Olivenöl	**1 Zucchini (ca. 300 g)**
2 EL Sojasauce	**2 kleine Zwiebeln**
1 EL Honig	**16 Cocktailtomaten**
2 Knoblauchzehen	**1 grüne Paprika**
2 Zweige Thymian	**2 essfertige Maiskolben**
	8 Schaschlikspieße
	Salz, Pfeffer

1. Für die Marinade Öl mit Soja, Honig und gepresstem Knoblauch gut verrühren. Thymianblätter abzupfen und hinzugeben.

2. Zucchini waschen und in Scheiben schneiden. Zwiebeln schälen und achteln. Tomaten und Paprika waschen. Paprika in mundgerechte Stücke schneiden. Maiskolben in Scheiben schneiden.

3. Abwechselnd das Gemüse auf die Spieße stecken und mit der Marinade gut einpinseln.

4. Backofen auf 175 °C (Ober- und Unterhitze) vorheizen.

5. Eine große ofenfeste Pfanne mit etwas Marinade bepinseln und erhitzen. Spieße rundherum anbraten und dabei immer wieder mit der Marinade bepinseln.

6. Mit Salz und Pfeffer bestreuen und so lange in den Ofen geben, bis alle Zutaten gut durch sind (15–20 Minuten).

Erntezeit heißt Einkochzeit. Erntezeit heißt aber auch, dass es oft wunderbares Ofengemüse gibt. Man kann es mit jedem Gemüse zubereiten, nach Lust und Laune variieren. Ich liebe es, dass ich das Gemüse nicht fein schnipseln muss und es schnell zwischendurch vorbereiten kann.

Variationen

Wenn es einmal schneller gehen muss, braten Sie das Gemüse bereits vor und wärmen es im Ofen vor dem Servieren nochmals auf.

Gemüsegarten
aus dem Ofen

3—4 PORTIONEN

1 rote Paprika

2 gelbe Paprika

1 Fenchelknolle

2 Karotten

2 Pastinaken

1/2 Knollensellerie

2 rote Zwiebeln

6 Knoblauchzehen

8 EL Olivenöl

1/2 TL Meersalz

2 Zweige Rosmarin

1 Zweig Thymian

1. Backofen auf 175 °C (Ober- und Unterhitze) vorheizen. Paprika waschen und in breite Spalten schneiden. Fenchel putzen, halbieren, etwas Grün für die Garnitur beiseitelegen und den holzigen Teil entfernen. Karotten und Pastinaken schälen und die Enden abschneiden. Knollensellerie schälen und vierteln. Zwiebeln und Knoblauch schälen, die Zwiebeln vierteln, Knoblauch ganz lassen.

2. Alles in eine Auflaufform geben und mit Olivenöl begießen. Mit Meersalz bestreuen und mit den Kräutern in den Ofen schieben. Für rund 60 Minuten im Ofen garen, bis das Gemüse weich ist. Dabei immer wieder umrühren.

3. Als Vor- oder Hauptspeise servieren.

Zubereitungszeit: **1 Stunde** / Schwierigkeitsgrad: **Hobbykoch** ⋆

Variationen

Schmeckt auch sehr gut mit getrockneten Tomaten. • Für eine kräftigende winterliche Suppe verwenden Sie Wurzelgemüse (Petersilienwurzel, Pastinake, Karotten ...). Schmoren Sie es im Ofen, bis es weich wird. • Anstatt frischem Thymian können Sie auch getrockneten verwenden.

Geschmorte Tomatensuppe
mit Cremehaube

4 PORTIONEN ALS VORSPEISE

2 kg Tomaten	**2 Lorbeerblätter**
6 Knoblauchzehen	**2 TL getrocknetes Basilikum**
4 Zwiebeln	**1/2 TL Chilipulver**
1 rote Paprika	Außerdem:
8 Zweige Thymian	**200 ml Schlagobers**
4 EL Olivenöl	**1 EL getrocknetes Suppengewürz**
2 TL Zucker	**Grissini**

1. Backofen auf 175 °C (Ober- und Unterhitze) vorheizen.

2. Tomaten waschen und vierteln. Knoblauch und Zwiebeln schälen und grob hacken. Paprika putzen und in große Stücke schneiden. Gemüse mit den restlichen Zutaten in eine große Auflaufform geben und gut vermengen. Für 35 Minuten im Backofen garen.

3. Anschließend entweder samt den Lorbeerblättern in einem Standmixer pürieren oder durch ein Sieb rühren. Mit 3 EL Schlagobers und Suppengewürz würzen. Restliches Schlagobers aufschlagen.

4. Suppe in Tellern anrichten und mit jeweils 1 Häubchen Schlagobers und Grissini garniert servieren.

Wenn Sie zu viel Gemüse gekauft haben oder es auch schon etwas welk ist, werfen Sie alles in einen Topf und bereiten Sie eine Suppe zu. Dieses Rezept ist im Ofen zubereitet, so kann die Suppe nicht überkochen und Sie können zwischenzeitlich etwas anderes tun.

Verwenden Sie für dieses Rezept das Gemüse Ihrer Wahl. Frieren Sie Suppen ein und so haben Sie immer eine schnelle Mahlzeit bereit. Heiß abgefüllt in sterile Flaschen sind sie ein tolles Geschenk für Freunde und Familie. Im Kühlschrank sind sie für einige Tage haltbar.

Grüne Smoothies

Avocado-Obst-Smoothie mit Karottengrün

2 GLÄSER

Grün von 5 Bio-Karotten (ca. 1 Bund)

1/2 Avocado

2 Äpfel

1/2 Dose Ananas + Saft

Wasser

1. Karottengrün waschen und trocken schütteln. Avocado halbieren, den Kern entfernen und das Fruchtfleisch herauskratzen. Äpfel waschen und achteln.

2. Alles gemeinsam mit Ananas, Ananassaft und etwas Wasser pürieren. In Gläser füllen und genießen.

Tipp: Dafür brauchen Sie einen guten Mixer.

No Food Waste: Die andere Hälfte der Avocado können Sie entweder zu Guacamole (S. 177) verarbeiten oder in Salat genießen (Brotsalat, S. 160). Die restliche Ananas können Sie zum Frühstücksmüsli essen oder zu Süß-sauer-Sauce verarbeiten (S. 41).

Babyspinat-Erdbeer-Smoothie

2 GLÄSER

125 g Babyspinat

2 Bananen

100 g Erdbeeren

1 Apfel

1. Babyspinat waschen. Bananen schälen. Erdbeeren waschen und das Grün entfernen. Apfel waschen und achteln.

2. Alles gemeinsam in einen Standmixer geben und pürieren. Nach Bedarf noch etwas Wasser hinzugeben.

Healthy-Tipp: Die Vitamine befinden sich direkt unter der Schale des Apfels. Wenn Sie einen sehr guten Standmixer haben, pürieren Sie ihn mit Schale. Bei einem älteren Pürierstab empfiehlt es sich, den Apfel zu schälen.

Grüne Smoothies sind nicht nur sehr gesund und schmecken gut, sondern sind auch eine tolle Verwertung von Resten. Dafür eignet sich auch das Grün von z. B. Bio-Karotten. Durch Banane oder Avocado geben Sie dem Smoothie eine cremige Konsistenz. Lassen Sie Ihrer Fantasie freien Lauf, geben Sie Obst- und Gemüsereste in einen Mixer und pürieren Sie sie. In Gläser füllen, und voilà, fertig zum Genießen und Freunde-Verwöhnen.

Gemüsedips sind eine weitere Art, Gemüsereste zu verwerten. Sie müssen nicht unbedingt zu Ofenkartoffeln serviert werden, sondern schmecken auch sehr gut zu Gemüsesticks wie Sellerie, Kohlrabi oder Gurke. Sie peppen auch jedes Sandwich auf und passen sehr gut zu gegrilltem Gemüse.

Ofenkartoffel
mit bunten Dips

4 PORTIONEN

4 große Ofenkartoffeln oder mehrere kleine	**Karottendip:**
Babaganoush (Melanzani-Dip):	**600 g Karotten**
2 Melanzani	**80 g Butter**
2 Knoblauchzehen	**8 Zweige Thymian**
2 EL Tahin	**6 EL Wasser**
1 Stiel Petersilie	**Salz, Pfeffer**
3 EL Olivenöl	**etwas Kresse**
Saft von 1/2 Zitrone	Guacamole:
1/2 TL Kreuzkümmel	**4 Avocados**
Salz, Pfeffer	**Saft von 1 Zitrone**
	Salz, Pfeffer

1. Für die Ofenkartoffel Backofen auf 220 °C (Ober- und Unterhitze) vorheizen. Kartoffeln gründlich waschen und eventuell abbürsten. In Alufolie wickeln und für rund 1,5 Stunden im Backofen backen.

2. Für Babaganoush Melanzani rundherum mit einer Gabel einstechen. Auf ein Backblech legen und im Ofen 30—40 Minuten garen, bis sie weich sind. Aus dem Backofen nehmen und kurz abkühlen lassen. Die Haut abziehen und die Stiele entfernen. Melanzanifleisch mit Knoblauchzehen, Tahin und Petersilie pürieren. Olivenöl und Zitronensaft einrühren und mit Kreuzkümmel, Salz und Pfeffer abschmecken.

3. Für den Karottendip Karotten schälen und in Scheiben schneiden. Butter in einem Topf zergehen lassen und mit Thymian kurz aufkochen. Karotten hinzugeben und bei milder Hitze mit geschlossenem Deckel garen, bis sie weich sind. Thymian entfernen und Karotten mit Wasser pürieren. Mit Salz und Pfeffer abschmecken. Mit Kresse garnieren.

4. Für die Guacamole Avocados halbieren, den Kern entfernen und das Fruchtfleisch mit einem Löffel herauskratzen. Mit Zitronensaft pürieren und mit Salz und Pfeffer abschmecken.

5. Ofenkartoffel mit den Dips servieren.

Variationen

Sie können die Dips auch mit anderem Gemüse zubereiten. • Anstatt Karotten können Sie rote Rüben, Pastinaken, Petersilienwurzel oder Paprika verwenden. • Anstatt Melanzani Zucchini (diese müssen Sie nicht schälen). • Servieren Sie dazu einen knackigen grünen Salat.

No Food
WASTE

Das restliche Karottengrün können Sie als Garnitur verwenden oder zu Smoothies (S. 174) bzw. Pesto (S. 181) verarbeiten.

Ofenkarotten
mit Brokkoli-Sellerie-Stampf und gerösteten Zwiebeln

4 PORTIONEN

Ofenkarotten:	2 Stangen Sellerie
2 Bund Bio-Frühlingskarotten	**2 EL Sauerrahm**
1 Zweig Rosmarin	**20–30 g frisch geriebener Parmesan**
1/2 TL Meersalz	**2 Knoblauchzehen**
Pfeffer	**Salz, Pfeffer**
8 EL Olivenöl	Geröstete Zwiebel:
Stampf:	**1 Zwiebel**
1 Brokkoli (ca. 500 g)	**40 g Butter**
1/2 Knolle Sellerie	

1. Backofen auf 200 °C (Ober- und Unterhitze) vorheizen.

2. Karotten gründlich mit einer Bürste waschen. Das Karottengrün bis zu 5 cm von der Karotte wegschneiden und beiseitelegen. Rosmarinnadeln fein hacken, mit Salz und Pfeffer verrühren. Karotten auf ein Blech legen, mit Olivenöl beträufeln und samt Grün gut bepinseln. Für rund 40 Minuten garen, bis die Karotten weich sind.

3. Für den Stampf Brokkoli putzen, den Strunk abschneiden und Brokkoli in Röschen teilen. Knollensellerie schälen und in Stücke schneiden. Stangensellerie waschen und in feine Scheiben schneiden. Alles gemeinsam in kochendem Wasser garen, bis das Gemüse weich ist. Kurz vor Garende 1/3 des Karottengrüns hinzugeben. Abseihen und noch heiß mit einem Mixer pürieren. Sauerrahm, Parmesan sowie gepressten Knoblauch hinzugeben und nach Geschmack salzen und pfeffern.

4. Zwiebel schälen und in feine Ringe schneiden. In einer Pfanne Butter erhitzen und die Zwiebelringe auf beiden Seiten knusprig braun braten, auf Küchenpapier abtropfen lassen.

5. Brokkoli-Sellerie-Stampf auf Tellern anrichten, darüber jeweils die fertigen Karotten legen und mit gerösteten Zwiebelringen garniert servieren.

Nicht mehr knackig frisches Gemüse ist ideal, um einen Stampf daraus zu machen. Frisch schmeckt es zwar nicht mehr so gut, aber es ist auf jeden Fall noch gut genug zum Verkochen. Neben Suppen, Dips und Eintöpfen sind Gemüse-pürees eine tolle Alterna-tive. Für das Ofengemüse und den Stampf können Sie natürlich alles verwenden, was das Herz begehrt. Wie wärs mal mit Ofenkartoffeln auf Karfiol-Sellerie-Stampf?

Pestos nach Geschmack

Info

Der Kohl lässt bei der Zubereitung etwas Wasser, daher frieren Sie es für eine längere Haltbarkeit ein.

Kohl-Pesto
mit Cashew-Kernen

CA. 350 ML

200 g Kohlblätter

100 g Cashew-Kerne

100 g Parmesan

2 Knoblauchzehen

1/2 TL Salz

200 ml Olivenöl

1. Kohlblätter grob zerkleinern und gemeinsam mit den Cashew-Kernen, Parmesan und geschälten Knoblauchzehen sowie Salz in einem Standmixer zerkleinern. Nach und nach das Öl hinzugießen und so lange mixen, bis sich alle Zutaten vermengt haben.

2. Pesto in ausgekochte Gläser füllen und fest verschließen.

Pestos passen nicht nur wunderbar zu Pasta-Gerichten, sondern auch als Aufstrich/Dip zu Brot, Gemüsesticks oder Käse. Zudem kann man Kräuter fast gar nicht besser verwerten. Aber auch aus Gemüse bzw. dessen Grün (z. B. rote Rübe, Kohlrabi, Karotten) kann man köstliche Pestos zaubern. Hier finden Sie drei verschiedene Arten, doch seien Sie kreativ und kreieren Sie Ihr persönliches Pesto. Abgefüllt in sterile Gläser sind sie mehrere Wochen haltbar, eingefroren sogar Monate. Zudem sind sie tolle Geschenke und kombiniert mit Nudeln haben Sie immer eine schnelle Mahlzeit bereit.

Karottengrün-Pesto mit Kernöl

CA. 250 ML

30 g Sonnenblumenkerne

1 Bund Karottengrün (ca. 60 g)

50 g Parmesan

80 ml Olivenöl

30 ml Kernöl

1/2 TL Salz

1. Sonnenblumenkerne in einer Pfanne ohne Fett etwas anrösten und auskühlen lassen.

2. Gemeinsam mit Karottengrün, Parmesan, beiden Ölen und Salz in einem Standmixer zerkleinern.

3. Pesto in heiß ausgekochte Gläser füllen und fest verschließen.

Rote-Rüben-Rosmarin-Pesto

CA. 250 ML

300 g rote Rüben, gegart

2–3 Zweige Rosmarin

30 g Mandeln

60 g Bergkäse

1/2 TL Salz

50 ml Olivenöl

1. Rote Rüben grob zerkleinern, Rosmarinnadeln vom Zweig entfernen.

2. Alle Zutaten gemeinsam in einen Mixer geben und zerkleinern. Dabei nach und nach das Olivenöl hinzugießen.

3. In Gläser füllen oder zu Käse bzw. Nudeln servieren.

Variationen: Probieren Sie das Pesto mal mit Hasel- oder Walnüssen. Schmeckt aber auch sehr gut mit gerösteten Kürbiskernen.

Kohl-Pesto mit Cashew-Kernen

Rote-Rüben-Rosmarin-Pesto

Karottengrün-Pesto mit Kernöl

 *Kraut*

Zubereitungszeit: **1 Stunde 10 Minuten** / Schwierigkeitsgrad: **Hobbykoch** ∗

Pikanter Scheiterhaufen
mit Blaukraut und Mango-Orangen-Chutney

4 PORTIONEN

1/2 Kopf Blaukraut (ca. 400 g)	200 ml Milch	1 kleine Zwiebel
1 Knoblauchzehe	50 g Sauerrahm	10 g frischer Ingwer
1 kleine rote Zwiebel	2 Eier	25 g Gelierzucker
1 EL Butter + etwas mehr	Salz, Pfeffer	Saft von 1 Orange
1 TL getrockneter Thymian	150 g Weichkäse	3 EL Apfelessig
3 Wacholderbeeren	1 TL Honig	1 Lorbeerblatt
3 Datteln	Chutney:	
ca. 200 g altes Vollkornbrot	1 Mango	

1. Backofen auf 175 °C (Ober- und Unterhitze) vorheizen.

2. Den Strunk des Blaukrauts entfernen und den Rest in feine Streifen schneiden bzw. raspeln. Knoblauch und Zwiebel schälen und fein hacken. In einem hohen Topf Butter zergehen lassen und Zwiebelstücke mit 1/2 TL Thymian glasig dünsten. Knoblauch hinzugeben und für weitere 2 Minuten anrösten. Anschließend Blaukraut und Wacholderbeeren hinzugeben, mit 250 ml Wasser aufgießen und so lange köcheln lassen, bis die Flüssigkeit verdampft ist. In der Zwischenzeit Datteln fein schneiden.

3. Brotscheiben in Würfel schneiden und mit dem Blaukraut vermengen. Auflaufform ausbuttern und die Masse einfüllen. Milch mit 1/2 TL Thymian, Sauerrahm und Eiern verquirlen, etwas salzen und pfeffern. Über den Scheiterhaufen gießen. Weichkäse in Scheiben schneiden und die Brotscheiben damit belegen. Zuletzt etwas Honig darüberträufeln und für rund 25 Minuten backen.

4. In der Zwischenzeit für das Chutney Mango schälen und das Fruchtfleisch würfelig schneiden. Zwiebel und Ingwer schälen, fein hacken. Gemeinsam mit den restlichen Zutaten in einen Topf geben und für 5 Minuten köcheln lassen. Lorbeerblatt herausholen.

5. Scheiterhaufen mit Chutney servieren.

Scheiterhaufen ist nicht nur eine süße Brotverwertung, sondern schmeckt auch pikant besonders gut. Sie können dafür natürlich jede Art von Brot verwenden. Probieren Sie statt Blaukraut auch mal ein anderes Gemüse, wie wärs mit Pilzen oder Karotten?

Tipp

Füllen Sie das Chutney heiß in Gläser ab und lassen Sie es auf den Kopf gedreht auskühlen. Eignet sich wunderbar als Geschenk.

Variationen

Das Chutney können Sie auch mit Pfirsichen oder Nektarinen zubereiten. Diese müssen Sie vor dem Weiterverarbeiten häuten: die Haut einschneiden, für 30–45 Sekunden in kochendem Wasser blanchieren, kurz abschrecken und die Haut abziehen. • Bereiten Sie den Scheiterhaufen mit Kraut und geräuchertem Tofu zu. • Schmeckt auch sehr gut mit Tomatensauce und Mozzarella.

Reis-Gemüsequiche

1 QUICHEFORM (∅ 23 CM)

Teig:	**3 EL Pflanzenöl**
200 g gegarter Reis	**Kräutersalz, Pfeffer**
50 g geriebener Käse nach Wahl (z. B. Parmesan, Mozzarella …)	**250 g Ricotta**
	100 ml Milch
2 Eier	**2 Eier**
Fülle:	**1 TL Oregano**
1 Zwiebel	**4 EL frische Kräuter nach Wahl**
3 Knoblauchzehen	
350 g Gemüse nach Wahl (z. B. Karotten, Kürbis, Süß-kartoffel, Lauch, Hülsenfrüchte …)	

1. Backofen auf 175 °C (Ober- und Unterhitze) vorheizen.

2. Für den Teig Reis mit geriebenem Käse und Eiern gut vermengen und in eine Quicheform füllen. Für 10–15 Minuten im Backofen backen, damit der Boden fest wird.

3. In der Zwischenzeit Zwiebel und Knoblauch schälen und fein hacken. Gemüse putzen und in mundgerechte Stücke schneiden. Gemüse wie Kürbis, Süßkartoffel, Karfiol, Brokkoli etc. müssen Sie vor der Weiter-verarbeitung vorgaren bzw. vorkochen.

4. In einer Pfanne Öl erhitzen und Zwiebelstücke glasig dünsten. Anschließend das restliche Gemüse inklusive Knoblauch hinzugeben und anbraten. Mit Kräutersalz und Pfeffer abschmecken.

5. Ricotta mit Milch und Eiern verrühren und mit Oregano und Kräutern würzen. Zuletzt mit dem Gemüse mischen.

6. Sobald der Reisboden hart ist, Quicheform aus dem Backofen nehmen und die Gemüsemischung einfüllen. Für rund 40 Minuten backen, bis die Masse fest und goldbraun ist.

7. Quiche in Tortenstücke schneiden und servieren.

Sie haben zu viel Reis gekocht? Mir passiert das gar nicht mal so selten. Ungekocht schaut die Menge immer sehr klein aus. Reis vom Vortag können Sie ideal als Beilage zu gebratenem Gemüse, zu Eintöpfen oder als Suppeneinlage servieren. Haben Sie auch Gemüsereste im Kühlschrank? Kombinieren Sie die beiden Sachen zu einer Quiche! Falls Sie noch ein angebrochenes Schlagobers im Kühlschrank finden, können Sie es anstatt Milch verwenden.

All-In-One

Ich liebe One-Pot-Gerichte, man braucht meist nur ein Messer, ein Brett und einen Topf bzw. eine Pfanne. Wenn man mal nicht viel Zeit hat, um vorm Herd zu stehen, sind diese Rezepte ideal. Besonders weil auch der Abwasch nicht lange dauert. Während die Gerichte auf der Platte kochen bzw. im Herd backen, kann man sich anderen Sachen widmen. Werfen Sie jedoch immer wieder mal ein Auge darauf, damit nichts anbrennt.

Info

Cremechampignons sind braune Champignons und vom Geschmack her etwas intensiver. Wenn Sie keine braunen erhalten, können Sie auch weiße verwenden.

Variationen

Schmeckt auch sehr gut, wenn Sie die Brezeln in mundgerechte Stücke schneiden, in einer Pfanne anrösten und über die Champignons streuen. • Verwenden Sie anstatt Champignons saisonale Pilze wie Steinpilze, Pfifferlinge oder Kräuterseitlinge.

Champignon-Pfanne
mit Brezeln

4 PORTIONEN

600 g Cremechampignons

1 Zwiebel

3 Knoblauchzehen

4 EL Pflanzenöl

1 TL getrockneter Thymian

Salz, Pfeffer

1 Bund Petersilie

250 g Sauerrahm

4 Brezeln

1. Champignons putzen und in feine Scheiben schneiden. Zwiebel und Knoblauch schälen, fein hacken. In einer Pfanne in erhitztem Öl glasig dünsten. Champignons hinzugeben und bei starker Hitze auf beiden Seiten anbraten. Anschließend die Hitze reduzieren und garen, bis sie weich sind. Mit Thymian, Salz und Pfeffer nach Geschmack würzen.

2. Petersilie waschen, abtropfen lassen, einen kleinen Teil für die Dekoration beiseitegeben und die restlichen Blätter hacken. Sauerrahm gemeinsam mit Petersilie in die Champignons einrühren und kurz ziehen lassen.

3. In tiefen Tellern anrichten, mit Kräutern garnieren und mit jeweils 1 Brezel servieren. Genießen.

Vorbereitungs
TIPP

Eintöpfe lassen sich wie Suppen
wunderbar vorbereiten.

Healthy
TIPP

Für eine gesündere Variante
verwenden Sie Sauerrahm oder
Joghurt anstatt Schlagobers.

Curry-Wirsing
mit Süßkartoffeln und Rosinen

4 PORTIONEN

1 Zwiebel	1 Zimtstange
3 Knoblauchzehen	350 ml klare Gemüsesuppe
2 Süßkartoffeln	2 EL Rosinen
1 kleiner Kopf Wirsing (ca. 550 g)	2 TL Currypaste
3 EL Pflanzenöl	Salz, Pfeffer
2 TL Currypulver	200 ml Schlagobers
1/2 TL gemahlener Kreuzkümmel	2 EL gesalzene und geröstete Erdnüsse
1/2 TL Kümmel	

1. Zwiebel und Knoblauch schälen und sehr fein hacken. Süßkartoffeln schälen und in Würfel schneiden. Kohl putzen und in feine Streifen schneiden.

2. Öl in einem großen Topf erhitzen und Zwiebel- sowie Knoblauchstücke glasig andünsten. Süßkartoffeln beimengen und scharf anbraten. Wirsing hinzugeben, mit den Gewürzen bestäuben, gut umrühren und für 2 Minuten anbraten. Zimtstange hinzugeben, mit Gemüsesuppe aufgießen und mit geschlossenem Deckel köcheln lassen. Bei Bedarf noch etwas Flüssigkeit hinzugeben. Nach rund 5 Minuten die Süßkartoffelwürfel hinzugeben und so lange köcheln lassen, bis sie weich sind (ca. 5 Minuten).

3. Rosinen und Currypaste einrühren, mit Salz und Pfeffer nach Belieben abschmecken. Bei milder Hitze Schlagobers hinzugießen und bei offenem Deckel kurz köcheln lassen, bis die Flüssigkeit sich reduziert hat. In tiefen Teller anrichten und mit Erdnüssen garniert servieren.

Tipp

Falls Sie keinen fertigen Flammkuchenteig erhalten, nehmen Sie stattdessen Blätterteig.

Variationen

Flammkuchen mit Cremespinat und Spiegelei: Flammkuchenteig im Ofen backen. Falls er Blasen wirft, mit 2 Brettern flachdrücken. Mit Cremespinat bestreichen und mit gebratenen Spiegeleiern servieren.

Flammkuchen mit gegrilltem Gemüse: Gebackenen Flammkuchenteig mit (Ziegen-) Frischkäse bestreichen und mit Ofengemüse (S. 171) belegen.

Flammkuchen mit Birne, Feige und Gorgonzola: Flammkuchen dünn mit Crème fraîche bestreichen, mit Birnen- und Feigenspalten belegen und den Gorgonzola gleichmäßig darauf verteilen. Im Backofen auf der untersten Schiene backen.

Schneller Knoblauchflammkuchen: Pfefferkörner in einem Mörser zerstoßen. Mit Olivenöl und reichlich gepresstem Knoblauch verrühren. Teig mit Öl bepinseln und backen.

Elsässer Flammkuchen
mit Paprika

1 BLECH

2 Zwiebeln
80 g Räuchertofu
1 gelbe Paprika
1 Pkg. Flammkuchenteig
125 g Crème fraîche
Salz, Pfeffer

1. Backofen auf 200 °C (Ober- und Unterhitze) vorheizen.

2. Zwiebeln schälen, in Scheiben schneiden und in einzelne Ringe teilen. Räuchertofu feinwürfelig schneiden. Paprika waschen und in feine Streifen schneiden.

3. Flammkuchenteig ausrollen und mit Crème fraîche gleichmäßig bestreichen. Mit Paprikastreifen, Zwiebelringen und Tofu belegen, salzen und pfeffern.

4. Im Backofen für ca. 15 Minuten backen, bis er braun ist. Warm servieren.

Variationen

Schmeckt auch sehr gut mit einem Hauch geräuchertem Paprikapulver. • Klassisch wird das Gulasch mit Gebäck oder Spätzle bzw. Nockerln (Teig S. 156 – Eiernockerln) serviert. • Für einen orientalischen Hauch würzen Sie es mit Koriander und Kreuzkümmel. • Schmeckt auch sehr gut mit Süßkartoffeln.

Kartoffel-Kürbis-Gulasch

4 PORTIONEN

300 g Kartoffeln	2 TL süßes Paprikapulver
3 Knoblauchzehen	400 ml klare Gemüsesuppe
1 Stange Sellerie	100 ml Kokosmilch
2 Tomaten	2 EL Crème fraîche
1 kleiner Hokkaido-Kürbis (ca. 500 g)	Salz, Pfeffer
150 g Zuckerschoten	1–2 TL Sambal Oelek
4 EL Pflanzenöl	40 g gesalzene und geröstete Pistazien

1. Kartoffeln schälen und in mundgerechte Stücke schneiden. Knoblauch schälen und fein hacken. Sellerie putzen und in feine Scheiben schneiden. Tomaten waschen und würfeln. Kürbis waschen, halbieren und mit einem Löffel die Kerne herauskratzen. Das Fruchtfleisch würfelig schneiden. Zuckerschoten waschen, die Enden abschneiden und schräg halbieren.

2. In einem großen Topf Öl erhitzen, Sellerie und Knoblauch glasig dünsten, mit Paprikapulver bestäuben und kurz anrösten. Kartoffeln, Tomaten und Kürbis beimengen, kurz anbraten und mit Gemüsesuppe ablöschen. Bei geschlossenem Deckel so lange köcheln lassen, bis alle Zutaten bissfest sind (rund 10 Minuten). Bei Bedarf mit etwas Wasser aufgießen. Zuckerschoten beimengen und für weitere 5 Minuten köcheln lassen, bis sie weich sind.

3. Mit Kokosmilch aufgießen, Crème fraîche einrühren, mit Salz, Pfeffer und Sambal Oelek abschmecken, ziehen lassen. Mit gehackten Pistazien bestreut servieren. Nach Belieben mit den Sellerieblättern garnieren.

Variationen

Falls Sie kein Pizzagewürz erhalten, verwenden Sie Oregano. • Für eine ausgewogenere Mahlzeit verwenden Sie Vollkornnudeln und geben Sie etwas mehr Wasser hinzu (rund 150 ml). • Bereiten Sie das Gericht mit Reis anstatt Nudeln zu. Für 250 g Reis brauchen Sie in etwa 700 ml Flüssigkeit. • Würzen Sie die Pasta noch mit Tabasco, Sambal Oelek oder Chilipulver.

One-Pot-Pasta
mit Tomaten, Mozzarella, Oliven und Pinienkernen

4 PORTIONEN

5 Knoblauchzehen	2 EL Tomatenmark
350 g Cocktailtomaten	2 TL Pizzagewürz
2 Pkg. Mozzarella	Salz, Pfeffer
80 g entkernte schwarze Oliven	2 EL Pinienkerne
400 g Nudeln	Basilikumblätter zum Verzieren
1 l Wasser	etwas frisch geriebener Parmesan

1. Knoblauchzehen schälen und fein hacken. Cocktailtomaten waschen und halbieren. Mozzarella feinwürfelig schneiden. Gemeinsam mit Oliven, Nudeln und Wasser in einem Topf zum Kochen bringen. Die Hitze etwas reduzieren und für rund 10 Minuten köcheln lassen, bis die Nudeln al dente sind und die Flüssigkeit zu einer sämigen Sauce eingekocht ist. Dabei gelegentlich umrühren, damit nichts anbrennt. Falls die Nudeln noch zu hart sind, geben Sie noch etwas Wasser hinzu. Kurz vor Garende Tomatenmark einrühren.

2. Mit Pizzagewürz, Salz und Pfeffer abschmecken.

3. In Tellern anrichten, mit Pinienkernen und Basilikumblättern dekorieren. Mit Parmesan bestreut servieren.

Variationen

Blaukraut und Maroni sind eine wunderbare herbstliche Kombination. Verwenden Sie anstatt Haselnüssen Maroni als Garnitur. • Falls Sie keine Rollgerste erhalten, können Sie natürlich klassischen Risottoreis verwenden. Dafür benötigen Sie ca. 700 ml Flüssigkeit. • Servieren Sie dazu einen Salat, z. B. Kohlrabi-Apfel-Salat (S. 130). • Verfeinern Sie das Risotto noch mit geriebener Birne.

One-Pot-Risotto
mit Rollgerste und Blaukraut

4 PORTIONEN

1 rote Zwiebel	250 g Rollgerste
1/2 Kopf Blaukraut (ca. 500 g)	800 ml klare Gemüsesuppe
1 Bio-Orange	120 ml Schlagobers
1 Zimtstange	40 g frisch geriebener Parmesan + etwas mehr
1 Lorbeerblatt	30 g Haselnüsse
2 Nelken	

1. Zwiebel schälen und in feine Stücke schneiden. Blaukraut halbieren, den Strunk entfernen und Kraut in feine Streifen schneiden. Orange heiß waschen, 1 TL Orangenschale abreiben und den Saft auspressen. Alles gemeinsam mit den Gewürzen (Zimtstange, Lorbeerblatt, Nelken), Rollgerste und Gemüsesuppe in einen großen Topf geben. Zum Kochen bringen und bei milder Hitze so lange köcheln lassen, bis die Rollgerste gar ist und die Flüssigkeit verdampft ist. Gegebenenfalls noch etwas Wasser hinzugeben. Schlagobers und Parmesan einrühren, mit Salz und Pfeffer abschmecken.

2. Auf Tellern anrichten und mit gehackten Haselnüssen und frisch geriebenem Parmesan dekoriert servieren.

Variationen

Probieren Sie die Pfanne auch mal mit Cranberries – schmeckt köstlich. • Anstatt Koriandergrün können Sie auch Petersilie verwenden. • Genießen Sie die Vielfalt der Hülsenfrüchte: Schmeckt sowohl mit roten/weißen Bohnen, Linsen als auch Erbsen.

 *No Food* WASTE

Falls Ihnen Baby-Maiskolben übrig bleiben, können Sie sie für einen frischen Salat, Gemüse-spieße oder für den scharfen Karotten-Gnocchi-Eintopf mit weißen Bohnen (S. 211) verwenden.

Karotten-Mais-Pfanne
mit Couscous

4 PORTIONEN

500 g Karotten	400 ml klare Gemüsesuppe
1 rote Zwiebel	200 g Baby-Maiskolben
2 EL Pflanzenöl	100 g gegarte Kichererbsen
3 TL gemahlener Koriander	40 g Rosinen
1/2 TL gemahlener Kreuzkümmel	30 g geröstete und gesalzene Kürbiskerne
1 Prise Kardamom	Salz, Pfeffer
250 g Couscous	1/2 Bund Koriandergrün

1. Karotten schälen und in Scheiben schneiden. Zwiebel schälen und fein hacken.

2. Öl in einer Pfanne erhitzen und die Zwiebelstücke glasig dünsten. Gemahlenen Koriander, Kreuzkümmel, Kardamom und Karotten hinzu-geben und für 2 Minuten anbraten. Mit 50 ml Wasser aufgießen und bei milder Hitze mit geschlossenem Deckel so lange garen, bis die Karotten bissfest sind. Couscous hinzugeben und Gemüsesuppe aufgießen. Für rund 5 Minuten bei milder Hitze ziehen lassen, bis der Couscous weich ist. Bei Bedarf noch etwas Wasser hinzugeben. Baby-Maiskolben in der Mitte halbieren und mit Kichererbsen, Rosinen und Kürbiskernen in den Couscous rühren.

3. Mit Salz und Pfeffer abschmecken und mit gehackten Korianderblät-tern garniert servieren.

Tipp

Dazu schmeckt gut frisches Knoblauchbrot. • Das Gratin eignet sich auch wunderbar als Mittagessen im Büro am nächsten Tag.

Ratatouille-Gratin
aus dem Ofen

1 AUFLAUFFORM

1 große Zucchini

1 Melanzani

3 große Tomaten

2 rote Zwiebeln

4–5 EL Knoblauchöl

150 g Gratinkäse

1. Backofen auf 200 °C (Ober- und Unterhitze) vorheizen.

2. Zucchini, Melanzani und Tomaten waschen und in Scheiben schneiden. Falls die Melanzani sehr groß ist, halbieren Sie die Scheiben nochmals. Zwiebeln schälen und in Scheiben schneiden.

3. Abwechselnd in eine große Auflaufform Zucchini-, Melanzani-, Tomaten- und Zwiebelscheiben schlichten. Zuletzt mit Knoblauchöl begießen und im Backofen für 30 Minuten garen. Gratinkäse darüberstreuen und für weitere 20 Minuten backen, bis der Käse braun wird.

Variationen

Verwenden Sie für einen leicht nussigen Geschmack Erdnuss- oder Walnussöl. • Wenn es einmal schneller gehen soll, verwenden Sie gegarte Linsen und lassen Sie diese nur 5 Minuten köcheln. • Verfeinern Sie das Gericht mit Kichererbsen. • Falls Sie keinen Koriander bekommen, verwenden Sie stattdessen Petersilie.

No Food WASTE

Geben Sie die restliche Minze in einen Krug, gießen Sie den Saft von 1–2 Zitronen hinzu und füllen Sie den Krug mit Wasser auf.

Rotes Linsen-Curry
mit Minz-Joghurt

4 PORTIONEN

1 Zwiebel	**250 g rote oder gelbe Linsen**
3 Knoblauchzehen	**500 ml klare Gemüsesuppe**
1 kleines Stück Ingwer (ca. 3 cm)	**1 Dose Tomaten in Saft**
1 Chilischote	**200 ml Kokosmilch**
1 Tomate	**2 TL Currypaste**
4 EL Pflanzenöl	**1/2 Bund Koriandergrün**
1 TL Kreuzkümmel	Minz-Joghurt:
1 TL Gelbwurz	**250 g Naturjoghurt**
1/2 TL gemahlener Koriander	**1/2 Bund frische Minze**

1. Zwiebel, Knoblauch und Ingwer schälen und fein hacken. Chilischote ebenfalls hacken. Tomate waschen und würfelig schneiden. Alles in einem Topf in erhitztem Öl für rund 5 Minuten anbraten. Gewürze (Kreuzkümmel, Gelbwurz, Koriander) hinzugeben und für weitere 2–3 Minuten rösten. Linsen hinzugeben und kurz anbraten.

2. Mit Gemüsesuppe und Tomaten aus der Dose ablöschen und für 15–20 Minuten köcheln lassen.

3. Kokosmilch und Currypaste hinzugeben und bei milder Hitze für 5 Minuten ziehen lassen. Koriander hacken und die Hälfte in das Curry rühren.

4. In der Zwischenzeit Naturjoghurt mit gehackter Minze verrühren.

5. Rotes Curry mit restlichem Koriander garnieren und mit Minz-Joghurt servieren.

Variationen

Schmeckt auch sehr gut mit frischen roten Rüben. • Verfeinern Sie das Gericht noch mit etwas Rosmarin. • Sie können den Saft auch weglassen und die Pasta nur mit Wasser (900 ml) zubereiten.

Rote One-Pot-Käse-Makkaroni
mit Spinat

4 PORTIONEN

3 Knoblauchzehen	400 ml Rote-Rüben-Saft
400 g TK-Spinat	200 g Ricotta
2 TL Oregano	100 g geriebener Käse (z. B. Emmentaler)
1 Prise Muskat	
400 g Makkaroni	Salz, Pfeffer
500 ml Wasser	ca. 25 g Parmesanspäne

1. Knoblauch schälen und fein hacken. Mit Spinat, Oregano, Muskat und Makkaroni in einen Topf geben. Wasser und Rote-Rüben-Saft hinzugießen, umrühren und zum Kochen bringen. Bei mittlerer Hitze für rund 10–12 Minuten köcheln lassen, bis die Nudeln al dente sind und eine sämige Sauce entstanden ist. Falls die Nudeln noch zu hart sind, geben Sie noch etwas Wasser hinzu.

2. Ricotta und geriebenen Käse einrühren, mit Salz und Pfeffer abschmecken. Mit Parmesanspänen garniert servieren.

Scharfer Karotten-Gnocchi-Eintopf
mit weißen Bohnen

4 PORTIONEN

400 g Karotten	100 g Baby-Maiskolben
1/2 Stange Lauch	500 g Gnocchi
3 EL Pflanzenöl	200 g passierte Tomaten
1 TL scharfes Paprikapulver	2 TL Sambal Oelek
380 ml klare Gemüsesuppe	Salz, Pfeffer
200 g gegrillte Paprika aus dem Glas	100 g Wasabi-Nüsse
200 g gegarte weiße Bohnen	

1. Karotten schälen und in feine Scheiben schneiden. Lauch putzen und in feine Ringe schneiden.

2. In einem hohen Topf Öl erhitzen und Lauch glasig andünsten, Paprikapulver hinzugeben und für 2 Minuten anrösten. Karotten hinzugeben und mit Gemüsesuppe aufgießen, für 5 Minuten köcheln lassen. Gegrillte Paprika in Streifen schneiden und gemeinsam mit Bohnen und Baby-Maiskolben in den Eintopf geben. Gnocchi und passierte Tomaten hinzugeben und so lange köcheln lassen, bis die Gnocchi weich sind. Bei Bedarf noch etwas Wasser hinzugeben.

3. Mit Sambal Oelek, Salz und Pfeffer abschmecken. Eintopf in tiefen Tellern mit Wasabi-Nüssen servieren.

Info

Sambal Oelek ist eine scharfe Chilipaste. Sie können stattdessen natürlich auch frische Chilis oder Chilipulver verwenden.

Variationen

Verfeinern Sie das Gericht mit gesalzenen Pistazien. • Falls Sie etwas mehr Zeit haben, verwenden Sie frische Paprika und grillen Sie diese im Backofen bei 200 °C. • Anstatt Lauch können Sie auch Frühlingszwiebeln verwenden. • Wenn Sie keine Hülsenfrüchte mögen, lassen Sie die Bohnen weg und geben Sie mehr Baby-Maiskolben hinzu.

No Food WASTE

Verwenden Sie den restlichen Lauch für folgende Gerichte: Brettljause to go (S. 218), Pasta mit Kohlgemüse (S. 80) oder Reis-Gemüsequiche (S. 186).

No Food
WASTE

Verfeinern Sie das Omelette
noch mit etwas Radieschengrün.
Restliches Grün können Sie für
Crêpes (S. 163) oder Brotsalat
(S. 160) verwenden.

Sommerliches Omelette
*mit Gurken, Radieschen
und Kresse*

2 PORTIONEN

2 Frühlingszwiebeln
4 Eier
4 EL Milch
Salz, Pfeffer
2 Minigurken
1 Bund Radieschen
2 EL Sonnenblumenöl
4 hauchdünne Scheiben Bergkäse
1 Beet Kresse

1. Frühlingszwiebeln putzen und samt Grün fein schneiden. Eier und
Milch mit einem Schneebesen verquirlen, salzen und pfeffern. Gurken und
Radieschen in feine Scheiben schneiden.

2. In einer großen Pfanne Öl erhitzen und Frühlingszwiebeln glasig dünsten. Gurken- und Radieschenscheiben sowie Käsescheiben hinzugeben
und die Eimischung darübergießen. Bei milder Hitze mit geschlossenem
Deckel so lange garen, bis die Eiermasse stockt.

3. Mit Kresse garniert servieren.

Tipp

Servieren Sie dazu frisches Gebäck oder Brot.

Variationen

Verwenden Sie anstatt Vogerl-salat auch mal Spinat: ent-weder frisch, tiefgekühlt oder Babyspinat. • Schmeckt auch sehr gut mit Pilzen. Im Sommer können Sie dafür frische Pilze verwenden, im Winter eingelegte in Öl. • Die Tomatenpfanne kann mit Schafskäse noch verfeinert werden. • Verwenden Sie anstatt der Zwiebel Lauch oder Frühlings-zwiebeln. • Wenn Sie mehr als nur eine Pfanne verwenden möch-ten, können Sie die Eier auch als Spiegeleier dazu anbraten.

Tomatenpfanne
mit Vogerlsalat, Kichererbsen und Ei

4 PORTIONEN

1 Zwiebel

2 Knoblauchzehen

2 EL Sonnenblumenöl

80 g Vogerlsalat

1 Pkg. stückige Tomaten

2 EL Tomatenmark

1 TL scharfe Currypaste

2 TL getrockneter Thymian

1 TL getrockneter Rosmarin

Salz, Pfeffer

180 g gegarte Kichererbsen

4 Eier

1. Zwiebel und Knoblauch schälen und fein hacken. In einer großen Pfanne Öl erhitzen und Zwiebel und Knoblauch glasig dünsten. Vogerl-salat und Tomaten aus der Dose hinzugeben und kurz aufkochen, bis der Salat zusammenfällt. Tomatenmark und Currypaste einrühren. Mit Thymian, Rosmarin, Salz und Pfeffer abschmecken.

2. Kichererbsen beimengen und 4 kleine Mulden machen, jeweils 1 Ei hineinschlagen. Bei mittlerer Hitze mit halb geöffnetem Deckel so lange köcheln lassen, bis die Eier stocken, das Eigelb aber noch flüssig ist.

To Go

Im Sommer liebe ich es, zu picknicken.
Sobald die ersten Sonnenstrahlen da sind
und der Boden warm genug ist, packe
ich meine Decke und gehe zum nächsten
Park für ein gemütliches Picknick im Freien.
Was gibt es Schöneres? Besonders wenn
man all die köstlichen Snacks selbst gemacht
hat. Diese Gerichte eignen sich sehr gut
zum Mitnehmen, aber nicht nur zum Essen
für draußen, sondern auch als Mittagessen im Büro.

Tipp

Sie können statt frischer Germ auch Trockengerm verwenden. Dafür die trockenen Zutaten vermengen und mit den feuchten verrühren, für 30–45 Minuten gehen lassen. Das Backergebnis bleibt gleich, nur der Germ-geschmack geht beim Brot etwas verloren.

No Food
WASTE

Restlichen Lauch können Sie für Pasta mit Kohlgemüse (S. 80) oder scharfen Karotten-Gnocchi-Eintopf (S. 211) verwenden.

Brettljause to go

7 WECKERLN

250 g Roggenvollkornmehl	**2–3 Knoblauchzehen**
100 g Weizenmehl	**1 EL Pflanzenöl**
150 ml lauwarmes Wasser	**80 g Gurke**
1/2 Würfel Germ	**60 g Bergkäse**
1/2 TL Zucker	**2 EL gehackter frischer Schnittlauch**
1,5 TL Salz	
1 kleines Stück Lauch (ca. 2 cm)	**Salz, Pfeffer**

1. Für das Brot Roggenvollkornmehl mit Weizenmehl in einer Schüssel vermengen und in der Mitte eine kleine Mulde formen. Wasser einfüllen, Germ hineinbröseln und Zucker hinzugeben. Mit einer Gabel so lange umrühren, bis die Germ sich aufgelöst hat. Mit Mehl bestäuben und zugedeckt für 15 Minuten stehen lassen.

2. Salz zum Teig geben. Entweder mit den Händen oder mit dem Knethaken gut verkneten, bis keine Teigreste auf der Schüssel mehr haften bleiben. Falls der Teig noch zu trocken ist und sich die Zutaten nicht gut vermengen lassen, geben Sie noch etwas lauwarmes Wasser hinzu. Zuletzt mit etwas Mehl bestäuben und zugedeckt für rund 30−45 Minuten stehen lassen.

3. In der Zwischenzeit für die Füllung Lauch putzen und fein hacken. Knoblauchzehen schälen und ebenso sehr fein hacken. In einer Pfanne in erhitztem Öl anrösten, beiseitestellen. Gurke und Bergkäse feinwürfelig schneiden. Unter die Füllung rühren und mit Schnittlauch, Salz und Pfeffer abschmecken.

4. Sobald der Teig vollständig aufgegangen ist, in 7 Kugeln (à ca. 80 g) teilen. Jede Kugel zu einem kleinen runden Fladen flachdrücken und ca. 2 TL der Füllung darauflegen. Anschließend rundherum den Teig zusammendrücken − wie bei einem Knödel − und zu runden Kugeln formen.

5. Auf ein mit Backpapier belegtes Blech setzen und mit etwas Wasser bepinseln. Im vorgeheizten Backofen bei 200 °C (Ober- und Unterhitze) für rund 15−20 Minuten backen.

 *Gurke*

No Food WASTE

Mit der restlichen Minze und Gurke können Sie eine erfrischende Limonade machen. Dazu in einen Krug Wasser oder Mineralwasser füllen und Gurkenscheiben sowie Minze hinzugeben. Gerichte mit Koriandergrün finden Sie auf den Seiten 52 (Minipizze mit Gurken-Salsa-Verde), 136 (Gebratene Melanzani in Tomatensauce), 143 (Geschmorter Tofu), 206 (Rotes Linsen-Curry) und 232 (Buchweizenwraps).

Tipp

Falls Sie rohe Zwiebeln nicht vertragen, blanchieren Sie diese: für 2–3 Minuten in heißem Wasser ziehen lassen.

Bulgursalat
mit frischen Kräutern und Gurke

4 PORTIONEN

100 g Bulgur
2 TL Tomatenmark
1 Bund Petersilie
1/2 Bund Koriandergrün
2 große Zweige Minze
1/2 Gurke
1 rote Zwiebel
1 TL gemahlener Kümmel
Salz, Pfeffer
1 Zitrone

1. Bulgur mit Tomatenmark und reichlich Wasser (laut Packungs-anleitung) zum Kochen bringen, für 15 Minuten köcheln und anschließend ausquellen lassen.

2. In der Zwischenzeit die Blätter der Kräuter zupfen, waschen und grob hacken. Gurke waschen und in sehr feine Stücke schneiden. Zwiebel schälen, halbieren und in feine Ringe schneiden.

3. Bulgur mit Kümmel, Salz und Pfeffer abschmecken. Alles zusammen in einer Schüssel mit Zitronensaft vermengen und anrichten.

Gazpacho
mit schnellen Pestostangerln

4 PORTIONEN

Pestostangerln:	4 Knoblauchzehen
1 Pkg. Blätterteig	**3–4 Zweige Basilikum**
1/2 Glas Pesto	**150 g passierte Tomaten**
1 Ei zum Bestreichen	**2 TL getrocknetes Basilikum**
Suppe:	**2 EL Olivenöl**
80 g Toastbrot	**Salz, Pfeffer**
3 rote Paprika	**Tabasco nach Geschmack**
1 kg (Fleisch-)Tomaten	

No Food WASTE

Anstatt Toastbrot können Sie auch das Weißbrot vom Vortag verwenden. Schneiden Sie die Tomatenschalen sehr fein und verkochen Sie diese in einer Tomatensauce (z. B. Karotten-Lasagne, S. 148, oder Zucchinispaghetti mit Tomatensugo, S. 91).

1. Blätterteig 10–15 Minuten vor der Verwendung aus dem Kühlschrank nehmen. Backofen auf 175 °C (Ober- und Unterhitze) bzw. laut Verpackungsangabe vorheizen.

2. Für die Suppe Toastbrot würfeln, mit etwas Wasser übergießen und für 5 Minuten ziehen lassen. Paprika waschen, entkernen und in kleine Stücke schneiden. Tomaten unten etwas einritzen, in kochendem Wasser für 30 Sekunden blanchieren, kalt abschrecken und anschließend die Haut abziehen. Knoblauch schälen und fein hacken. Basilikum waschen und hacken.

3. Ausgedrücktes Toastbrot mit den restlichen Zutaten in einem Standmixer pürieren oder alternativ einen Pürierstab verwenden. Falls die Masse zu dickflüssig ist, geben Sie noch einen großen Schuss Wasser hinzu. Mit Salz, Pfeffer und Tabasco nach Geschmack würzen. Für mehrere Stunden oder besser über Nacht kalt stellen.

4. Blätterteig ausrollen und gleichmäßig mit einer dünnen Schicht Pesto bestreichen. Blätterteig längs einklappen, in 1 cm breite Streifen schneiden und jeweils miteinander verdrehen. Mit verquirltem Ei bestreichen und im Ofen für 15 Minuten backen.

5. Die Suppe im Büro kalt mit Pestostangerln genießen.

Tipp

Genießen Sie die Scones mit Butter. Dazu passt auch sehr gut ein sommerlicher Salat.

Tomaten-Schafskäse-Scones
mit Oliven

12 STÜCK

410 g Mehl + etwas mehr	5 EL Milch
2 TL Backpulver	2 Eier
1 TL Salz	2 EL gehackte frische Petersilie
1 TL Pfeffer	125 g Schafskäse
150 g kalte Butter	80 g getrocknete Tomaten
125 g Sauerrahm	50 g entsteinte schwarze Oliven

1. In einer Schüssel Mehl mit Backpulver, Salz und Pfeffer mischen. Butter in Stücke schneiden und einkneten, bis eine krümelige Masse entsteht. Sauerrahm mit Milch, Eiern und Petersilie verrühren und in die Mehlmasse einrühren. Schafskäse zerbröseln, Tomaten und Oliven würfelig schneiden und mit dem Teig verkneten. Falls die Masse zu klebrig ist, geben Sie noch etwas Mehl hinzu. Zu einer Kugel formen und in Frischhaltefolie verpackt im Kühlschrank für 30 Minuten kalt stellen.

2. Auf einer bemehlten Arbeitsfläche zu einem 3 cm dicken Quadrat ausrollen bzw. flachdrücken und in 12 Stücke schneiden. Auf ein mit Backpapier belegtes Backblech setzen und mit Wasser einpinseln. Im vorgeheizten Backofen (175 °C, Ober- und Unterhitze) für 15—20 Minuten backen, bis sie goldbraun sind.

Kalte Gurkensuppe

2 PORTIONEN

1 Gurke (ca. 300 g)

1/2 TL Salz

100 g Joghurt

200 g Sauerrahm

2 Knoblauchzehen

2 EL gehackter frischer Schnittlauch

1/4 TL Estragon-Senf

Salz, Pfeffer

1/2 Baguette

Salatgurke schälen und vierteln. In Salzwasser zum Kochen bringen und für 5 Minuten köcheln lassen. Mit einem Stabmixer pürieren und für 45 Minuten kalt stellen. Die kalte Gurkensuppe mit Joghurt, Sauerrahm, gepresstem Knoblauch und Schnittlauch vermischen. Mit Senf, Salz und Pfeffer abschmecken. Mit Baguette genießen.

Variationen

Schmeckt auch sehr gut mit geraspelten Karotten. • Anstatt Pistazien können Sie auch Wasabi-, Erd- oder Walnüsse verwenden. • Für etwas Schärfe hacken Sie eine Chilischote klein und mischen Sie sie unter den Salat.

No Food WASTE

Verwenden Sie die restlichen Mungobohnenkeimlinge für den chinesischen Nudelsalat (S. 68).

Kohlsalat Teriyaki
mit Sesam und Mungobohnenkeimlingen

2 PORTIONEN

	Marinade:
1/2 Kopf Chinakohl (ca. 400 g)	
100 g Mungobohnenkeimlinge	**5 EL Teriyaki-Sauce**
40 g geröstete und gesalzene Pistazien	**2 EL Erdnussöl**
	3 EL Wasser
1 Tomate	**1/2 TL Zucker**
3 Knoblauchzehen	**Salz, Pfeffer**
1 EL Erdnussöl	

1. Kohl putzen, den Strunk entfernen und Kohl sehr fein schneiden. Mungobohnenkeimlinge und Pistazien hinzufügen. Tomate waschen, sehr fein hacken und zum Salat geben. Knoblauch schälen und in feine Scheiben schneiden. In heißem Erdnussöl anbraten und zum Salat geben.

2. Für die Marinade Teriyaki-Sauce mit Erdnussöl, Wasser und Zucker verrühren. Alles gut vermengen und nach Geschmack mit Salz und Pfeffer abschmecken.

3. In ein Gefäß füllen, einpacken und unterwegs genießen.

Linsen-Paprika-Bällchen Eastern Style
mit Dattelsauce

CA. 15 BÄLLCHEN

80 g rote Linsen	1 Ei
60 g Bulgur	ca. 60 g Sesamsamen
1/2 rote Paprika	4–5 EL Pflanzenöl
2 TL süßes Paprikapulver	Dattelsauce:
1 TL scharfes Paprikapulver	50 g entkernte Datteln
1 TL Chilipulver	25 g getrocknete Marillen
2 TL gemahlener Kreuzkümmel	1/4 TL Speisestärke
3 EL Brösel	1 Prise Salz

1. Linsen nach Packungsanleitung zubereiten. Bulgur waschen und mit doppelter Menge Wasser zum Kochen bringen, anschließend ausquellen lassen.

2. In der Zwischenzeit für die Dattelsauce Datteln und Marillen sehr fein hacken. Mit 200 ml Wasser für rund 15 Minuten bei geschlossenem Deckel köcheln lassen. Speisestärke mit 6 EL Wasser anrühren und hinzugießen. Gut durchmischen und mit Salz abschmecken.

3. Paprika waschen und sehr fein hacken. Gemeinsam mit Linsen, Bulgur und den Gewürzen in einer Schüssel gut vermischen, salzen und pfeffern. Mit Bröseln und Ei vermengen und für 10 Minuten stehen lassen. Zu walnussgroßen Bällchen formen, in Sesamsamen wälzen und in reichlich erhitztem Öl rundum knusprig braten. Auf Küchenpapier abtropfen lassen.

4. Mit Dattelsauce genießen.

Orientalische Buchweizenwraps
mit Couscous und Blaukraut

8 WRAPS

Fladen:	3 Blätter Blaukraut
300 g Weizenmehl + etwas mehr	**200 g Cocktailtomaten**
100 g Buchweizenmehl	**2 EL Pflanzenöl**
1 TL Backpulver	**3 TL Kreuzkümmel**
1/2 TL Kardamom	**1 TL Gelbwurz**
1/2 TL Salz	**1/2 TL gemahlener Koriander**
60 ml Pflanzenöl	**2 EL getrocknete Cranberries**
240 ml Wasser	**100 g gegarte Kichererbsen**
Füllung:	**1/2 Bund Koriandergrün**
100 g Couscous	**Salz, Pfeffer**
1 kleine Zwiebel	**1–2 Pkg. Hummus**
2 Knoblauchzehen	

1. Für die Fladen beide Mehlsorten, Backpulver, Kardamom und Salz vermengen. Öl und Wasser hinzugeben und so lange verkneten, bis ein homogener, glatter Teig entsteht, und für weitere 3 Minuten gut durchkneten. Zu einer Kugel formen und in Frischhaltefolie gewickelt für 20–30 Minuten im Kühlschrank kalt stellen.

2. In der Zwischenzeit für die Füllung Couscous mit heißem Wasser übergießen, sodass er gerade bedeckt ist, und quellen lassen.

Vorbereitungs TIPP

Sie können die Couscous-Füllung sehr gut vorbereiten. Wenn es einmal schnell gehen soll, verwenden Sie gekaufte Tortilla-Fladen.

Variationen

Anstatt Cranberries können Sie auch Rosinen verwenden. • Falls Sie keinen frischen Koriander erhalten, verwenden Sie Petersilie. • Wenn Sie keine Hülsenfrüchte vertragen, lassen Sie die Kichererbsen weg und verwenden Sie anstatt Hummus z. B. einen Tomaten-Aufstrich.

No Food WASTE

Das restliche Blaukraut können Sie für folgende Gerichte verwenden: Blaukraut-Apfel-Kipferl (S. 34), Blaukrautsuppe mit Feigen (S. 66), Kräuter-Topfennockerln auf Blaukraut (S. 150), Pikanter Scheiterhaufen mit Blaukraut (S. 184) oder One-Pot-Risotto mit Rollgerste und Blaukraut (S. 201). Oder Sie raspeln es fein, blanchieren es und frieren es ein.

3. Zwiebel und Knoblauch schälen. Blaukraut putzen und in Streifen schneiden. Cocktailtomaten waschen und vierteln. In einer Pfanne Öl erhitzen, Gewürze (Kreuzkümmel, Gelbwurz und Koriander) für 1–2 Minuten anrösten. Zwiebel und Knoblauch hinzugeben und glasig andünsten. Gemüse beimengen, kurz anbraten und mit 200 ml Wasser aufgießen. So lange bei mittlerer Hitze köcheln lassen, bis die Flüssigkeit weitgehend verdampft ist. Couscous, Cranberries und Kichererbsen hinzugeben, alles gut vermengen. Koriander hacken, unterrühren und mit Salz und Pfeffer abschmecken.

4. Den Teig in 8 Kugeln teilen und jedes Teigstück auf einer leicht bemehlten Arbeitsfläche zu einem sehr dünnen runden Fladen walken — in der Größe der Pfanne.

5. Eine Pfanne ohne Fett stark erhitzen und jeden Fladen auf beiden Seiten goldbraun backen. Aber Achtung, nicht zu lange, denn sonst werden sie zu knusprig und lassen sich nicht mehr rollen. Sobald der Fladen braun wird und Blasen wirft, umdrehen.

6. Jeden Fladen gleichmäßig mit Hummus bestreichen, Couscous auf die Wraps verteilen, die unteren Enden einschlagen und aufrollen. In Butterpapier einwickeln.

Variationen

Falls Sie kein Knoblauchsalz
erhalten, können Sie auch her-
kömmliches Salz und entweder
frischen Knoblauch oder -pulver
verwenden. • Statt Tramezzini
können Sie auch Toastbrot verwenden. • Die Pilzfüllung schmeckt
auch sehr gut in einem Baguette
oder serviert zu Omelettes.

Pilz-Tramezzini

6 SANDWICHES

120 g Sauerrahm

120 g Kräuter-Cottage-Cheese

1 TL Kapern

1 Frühlingszwiebel

1 Glas Pilzmischung (ca. 300 g)

1 TL getrockneter Organo

Knoblauchsalz, Pfeffer

1 Pkg. Tramezzini

50 g Rucola

1. Sauerrahm mit Cottage Cheese verrühren. Kapern sehr fein hacken.
Frühlingszwiebel putzen und samt Grün sehr fein hacken. Pilze abseihen
und alles gemeinsam mit der Sauerrahmmischung verrühren. Mit
Oregano, Knoblauchsalz und Pfeffer abschmecken.

2. Einen Teil der Tramezzini mit dem Aufstrich bestreichen, mit Rucola
belegen und die zweite Tramezzinihälfte daraufsetzen. In Dreiecke
schneiden und in Butterpapier wickeln.

Tipp

Schmeckt nicht nur gut als Mittagessen für unterwegs, sondern auch als Beilage zu gegrilltem Gemüse.

Salade Piémontaise

4 PORTIONEN

900 g Bio-Babykartoffeln
200 g Cocktailtomaten
2 TL Kapern
5 Essiggurken
4 hartgekochte Eier
170 g Mayonnaise
70 g Joghurt
2 EL Essig
1 Bund Petersilie
Salz, frisch gemahlener Pfeffer

1. Kartoffeln gut abbürsten und in reichlich Wasser bissfest kochen. Anschließend auskühlen lassen.

2. In der Zwischenzeit Tomaten waschen und vierteln. Kapern und Essiggurken fein schneiden. Hartgekochte Eier schälen und sehr fein hacken. Mit Mayonnaise, Joghurt und Essig gut verrühren. Petersilie waschen, abtropfen lassen und die Blätter fein hacken. Kartoffeln halbieren.

3. Alles miteinander verrühren und mit Salz und Pfeffer abschmecken.

Sie können den Salat in ein großes Einmachglas füllen und das Dressing in einem kleinen Marmeladeglas mitnehmen.

Probieren Sie den Salat auch mal mit Cocktailtomaten oder Oliven. • Anstatt Rucola können Sie auch Babyspinat oder Vogerlsalat verwenden. • Rösten Sie gemeinsam mit den Brotwürfeln fein geschnittenen Räuchertofu an.

Shaking Salad
mit Karottenraspeln, Schafskäse und Avocado

2 PORTIONEN

2 EL Pinienkerne		**Dressing:**
3 mittelgroße Karotten		**3 EL Zitronensaft**
4 Blätter Eisbergsalat		**2 EL Olivenöl**
2 Scheiben Toast		**1 EL Apfelessig**
1 EL Olivenöl		**1 TL Honig**
2 Avocados		**Salz, Pfeffer**
1 Zitrone		
1 Pkg. Schafskäse		
50 g Rucola		

1. Pinienkerne ohne Fett in einer Pfanne anrösten, bis sie goldbraun werden. Karotten schälen und fein raspeln. Salat waschen und in feine Streifen schneiden.

2. Toast würfeln und in einer Pfanne in erhitztem Olivenöl knusprig braten. Avocados halbieren, Kern entfernen und mit einem Löffel das Fruchtfleisch vorsichtig herausheben. In Spalten schneiden und mit Zitronensaft beträufeln.

3. Grünen Salat, Karottenraspel, zerbröckelten Schafskäse, Avocado sowie Rucola in eine Schüssel mit Deckel schichten. Mit Pinienkernen und Brotwürfeln abschließen.

4. Für das Dressing Zitronensaft, Öl, Essig und Honig glattrühren. Mit Salz und Pfeffer abschmecken. Vor dem Genießen über den Salat gießen und schütteln.

Spinat-Ricotta-Blätterteigtascherl

6 BLÄTTERTEIGTASCHERL

1 Pkg. Blätterteig

1 kleine Zwiebel

3 Knoblauchzehen

2 EL Pflanzenöl

140 g aufgetauter TK-Blattspinat

1 Prise Muskat

Salz, Pfeffer

125 g Ricotta

20 g getrocknete Tomaten

Pfeffer

1 Ei zum Bestreichen

1. Blätterteig aus dem Kühlschrank nehmen. Backofen auf 200 °C (Ober- und Unterhitze) bzw. laut Packungsanleitung aufheizen.

2. Zwiebel und Knoblauch schälen. In einer Pfanne Öl erhitzen und fein gehackte Zwiebel glasig andünsten. Blattspinat und gepresste Knoblauchzehen hinzugeben. Mit Muskat, Salz und Pfeffer würzen. Ricotta und fein gehackte Tomaten unterrühren, pfeffern.

3. Teig in 6 Quadrate schneiden und in die Mitte etwas Spinatfüllung setzen. Zu Dreiecken falten und die Seiten mit einer Gabel zusammendrücken. Ei mit 2 EL Wasser verquirlen und fertige Tascherl damit bestreichen. Auf ein mit Backpapier belegtes Backblech legen und im Ofen für ca. 25 Minuten goldgelb backen.

Zucchinistrudel
mit Oliven, Kapern und Pesto

1 STRUDEL

1 Pkg. Blätterteig	1/2 Limette
1 kleine Zwiebel	1 EL Butter
2 Knoblauchzehen	3 EL Brösel
1 große Zucchini (ca. 400 g)	1/2 Glas Pesto nach Wahl
40 g schwarze Oliven	15 g frisch geriebener Parmesan
2 TL Kapern	1 Ei zum Bestreichen
2 EL Olivenöl	1 TL Oregano
Kräutersalz, Pfeffer	

1. Blätterteig aus dem Kühlschrank nehmen. Ofen auf 200 °C (Ober- und Unterhitze) bzw. laut Verpackung vorheizen.

2. Zwiebel und Knoblauch schälen und sehr fein hacken. Zucchini waschen und feinwürfelig schneiden. Oliven in Scheiben schneiden. Kapern fein hacken.

3. In einer Pfanne Öl erhitzen, Zwiebel glasig dünsten. Zucchini und Knoblauch hinzugeben und für 3–5 Minuten abraten. In eine Schüssel geben und Olivenscheiben sowie Kapern unterrühren. Mit Salz, Pfeffer und Limettensaft abschmecken.

4. In derselben Pfanne Butter zergehen lassen und die Brösel unter Rühren goldgelb rösten.

5. Blätterteig ausrollen und in der Mitte mit Pesto bestreichen. Das Gemüse darauf verteilen und zuletzt mit Butterbröseln und Parmesan bestreuen. Strudel einrollen und die Enden einklappen. Ei mit 2 EL Wasser verquirlen und den Strudel bestreichen. Mit Oregano bestreuen und für 15–20 Minuten goldgelb backen.

Süße Schmankerl mit Gemüse

Mein Herz schlägt für Süßes, genauer gesagt für Kuchen und Desserts. Deshalb war es für mich nur ein logischer Schritt, auch Rezepte für süße Schmankerl mit Gemüse zu kreieren. Am schönsten finde ich es, den Kuchen bei einem Nachmittagsklatsch mit meinen Freunden zu genießen.

Nusstorte
mit süßer Tomatenmarmelade

TORTENFORM (Ø 26)

Teig:	Tomatenmarmelade:
125 ml Sonnenblumenöl	**200 g Tomaten**
125 ml Mineralwasser	**200 g Gelierzucker (1:1)**
4 Eier	**Mark von 1/2 Vanilleschote**
130 g Zucker	**1 Prise Zimt**
200 g gemahlene Haselnüsse	Außerdem:
200 g griffiges Mehl	**Butter und Brösel für die Form**
2 TL Backpulver	**Staubzucker**
1 TL abgeriebene Schale von 1 Bio-Orange	

1. Backofen auf 175 °C (Ober- und Unterhitze) vorheizen.

2. Für den Teig Öl mit Mineralwasser vermischen. Eier trennen und Zucker mit Eidotter für rund 5 Minuten schlagen, bis eine schaumige Masse entsteht. Öl-Wasser-Mischung portionsweise hinzugeben und weiterschlagen. Haselnüsse mit Mehl und Backpulver vermischen und nach und nach mit Orangenschale zur Eimasse geben.

3. Eiklar zu einem steifen Schnee schlagen und vorsichtig mit einer Teigspachtel unter den Teig heben.

4. Tortenform ausfetten und mit Bröseln bestreuen, Teig einfüllen und glattstreichen. Im Backofen für rund 35 Minuten backen. Herausnehmen und vollständig auskühlen lassen.

5. Für die Tomatenmarmelade Tomaten klein schneiden und mit Gelierzucker, Vanillemark und Zimt für 20 Minuten stehen lassen. Anschließend für rund 5 Minuten aufkochen, bis die Masse geliert. Pürieren und auskühlen lassen.

6. Den Kuchen quer durchschneiden und mit Tomatenmarmelade bestreichen. Zusammensetzen und mit reichlich Staubzucker bestreuen.

Tipp

Bereiten Sie gleich mehr Marmelade zu und füllen Sie diese in sterile Marmeladengläser.

Vorbereitungs TIPP

Bereiten Sie den Kuchen am Vortag zu.

Variationen

Die Tomatenmarmelade schmeckt auch sehr gut mit 1 Schuss roten Portwein. • Verwenden Sie anstatt geriebenen Haselnüssen auch Walnüsse, Mandeln oder Kürbiskerne.

Vorbereitungs
TIPP

Bereiten Sie die Creme bereits am
Vortag zu und kühlen Sie diese
über Nacht.

Topfencreme
mit karamellisierten Karottenchips

4 PORTIONEN

Creme:

1 Vanilleschote

250 g Topfen

3 EL Joghurt

80 g Zucker

250 g Schlagobers

Karottenchips:

1 Karotte

1 EL Zucker

Öl

1. Vanilleschote längs halbieren und das Mark herauskratzen. Mit Topfen, Joghurt und Zucker verrühren, bis eine glatte Masse entsteht. Schlagobers schlagen und unterheben. Für rund 30 Minuten im Kühlschrank kalt stellen.

2. Für die Karottenchips Karotte schälen und in sehr feine Scheiben hobeln. Im vorgeheizten Backofen bei 150 °C (Umluft) auf einem mit Backpapier belegten Backblech für rund 10 Minuten backen.

3. In einem Topf Zucker unter starker Hitze karamellisieren lassen und die Karottenchips hinzugeben. Umrühren und auf eingeölte Alufolie geben. Die Karottenchips mit Löffeln etwas auseinanderteilen und vollständig auskühlen lassen. Topfenmousse anrichten und mit Karottenchips garniert servieren.

Vorbereitungs TIPP

Diesen Kuchen kann man für 2–4 Tage luftdicht verpackt im Kühlschrank aufbewahren.

Variationen

Füllen Sie die Torte noch mit frischen Erd- oder Himbeeren.

Zitroniger Grießkuchen
mit Spinat-Mascarpone-Creme

TORTENFORM (Ø 26)

Teig:		
3 Eier	250 g Schlagobers	5 EL Staubzucker + etwas mehr
150 g Zucker + etwas mehr	1 Prise Salz	2 TL abgeriebene Zitronenschale
2 Bio-Zitronen	Füllung:	nach Belieben Babyspinat zur Dekoration
100 g Mehl	250 g Magertopfen	
150 g Weizengrieß	500 g Mascarpone	Außerdem:
1 Pkg. Backpulver	4 EL aufgetauter passierter Spinat (ca. 80 g)	Butter für die Form

1. Backofen auf 175 °C (Ober- und Unterhitze) vorheizen.

2. Eier trennen und Eidotter mit Zucker für mindestens 5 Minuten schaumig schlagen. Zitronen heiß abwaschen, Schale abreiben und samt Zitronensaft hinzugeben. Mehl mit Grieß und Backpulver vermengen und unterrühren. Schlagobers schlagen und mit einer Teigspachtel oder einem Löffel unterheben. Eiklar mit Salz zu Eischnee schlagen und auf mehrere Portionen vorsichtig unter den Teig heben.

3. Tortenform ausfetten und mit etwas Zucker bestreuen. Teig einfüllen und nochmals mit etwas Zucker bestreuen. Für rund 25 Minuten backen, bis der Teig goldgelb ist.

4. In der Zwischenzeit Topfen mit Mascarpone, Spinat, Staubzucker und Zitronenabrieb verrühren und kalt stellen.

5. Kuchen für 10 Minuten auskühlen lassen und anschließend aus der Form holen. Waagrecht mit einem Sägemesser durchschneiden. Die untere Hälfte mit der Hälfte der Creme bestreichen. Obere Kuchenhälfte daraufsetzen und die restliche Creme darauf verteilen. Mit Staubzucker bestreuen und nach Belieben mit Babyspinat garnieren. Zu Tee oder Kaffee genießen.

Variationen

Schmeckt auch sehr gut mit Karotten oder Kürbis. • Verwenden Sie anstatt Kürbiskernen gemahlene Mandeln, Haselnüsse oder Walnüsse. • Probieren Sie mal eine Orangenglasur dazu, schmeckt köstlich. • Sie können den Kuchen auch mit einer Schokoladenglasur bestreichen.

Info

Anhand der Zahnstocherprobe können Sie feststellen, ob der Teig durch ist: Stechen Sie mit einem Zahnstocher in die Mitte des Kuchens. Wenn kein Teig hängen bleibt, ist er fertig.

Zucchinikuchen
mit Zitronenglasur

TORTENFORM (Ø 26)

Teig:	Glasur:
4 Eier	**200 g Staubzucker**
180 g Zucker	**4 EL Zitronensaft**
1 Prise Zimt	**30 g Mandelblättchen**
200 g Zucchini	Außerdem:
200 g gemahlene Kürbiskerne	**Butter und Brösel für die Form**
50 g Mehl	
2 TL Backpulver	
1 Prise Salz	

1. Backofen auf 175 °C (Ober- und Unterhitze) vorheizen.

2. Für den Kuchen Eier trennen. Eidotter mit Zucker und Zimt schaumig schlagen.

3. Zucchini fein reiben und sorgfältig das Wasser ausdrücken. Gemahlene Kürbiskerne mit Mehl und Backpulver vermengen. Abwechselnd mit den Zucchiniraspeln unter die Dottermasse rühren. Eiklar mit Salz zu Schnee schlagen und mit einer Teigspachtel unterheben.

4. Tortenform ausbuttern und bebröseln, den Teig eingießen und für rund 20 Minuten backen, bis er braun ist. Herausnehmen, auskühlen lassen und aus der Form stürzen.

5. Staubzucker mit Zitronensaft so lange verrühren, bis eine zähflüssige Masse entsteht. Erkalteten Kuchen großzügig auf allen Seiten bepinseln. Den Kuchen mit Mandelblättchen bestreuen.

Anhang

Rezeptregister nach den 10 Gemüsestars

Alphabetisches Rezeptregister

Glossar

Rezeptregister nach den 10 Gemüsestars

Alphabetisches Rezeptregister

Glossar

altbackene Semmel • trockenes Brötchen
Blaukraut • Rotkohl
Brettljause • Vesperplatte
Eidotter • Eigelb
Eiklar • Eiweiß
Dolcelatte • italienischer Edelpilzkäse
Fleckerln • quadratisch geschnittene Nudeln
Frischgerm • frische Hefe
Gebäck • Brötchen
Germ • Hefe
Halloumi • halbfester Käse aus Kuh-, Schaf- oder Ziegenmilch
Karfiol • Blumenkohl
Karotten • Möhren, Möhrrüben
Kartoffelpuffer • Reibekuchen, Kartoffelpfannkuchen, Reiberdatschi
Kipferl • Hörnchen
Klare Gemüsesuppe • Gemüsebrühe
Knödel • Kloß
Kohlrabi • Kohlrübe, Oberrübe
Kohlsprossen • Rosenkohl, Brüsseler Sprossen
Lauch • Porree
Marillen • Aprikosen
Maroni • Esskastanie
Marmelade • Konfitüre
Melanzani • Aubergine
Mürbteig • Mürbeteig, Knetteig
Nudelwalker • Nudelholz, Rollholz
Panieren • in Mehl/Ei/Brösel/… wenden
Polenta • Maisgrieß
Rote Rübe • Rote Bete
Rucola • Rauke
Sauerrahm • Saure Sahne, Schmand
Schlagobers • Sahne, Schlagsahne, Süße Sahne
Semmel • Brötchen
Semmelbrösel • Paniermehl
Semmelwürfel • Knödelbrot
Stangensellerie • Staudensellerie
Staubzucker • Puderzucker
Topfen • Quark
Trockengerm • Trockenhefe
Vogerlsalat • Feldsalat
Weißkraut • Weißkohl
Wirsing • Grünkohl, Krauskohl

Auflage:

2020	2019	2018	2017
4	3	2	1

© 2017 by Löwenzahn in der Studienverlag Ges.m.b.H.,
Erlerstraße 10, A-6020 Innsbruck
E-Mail: loewenzahn@studienverlag.at
Internet: www.loewenzahn.at

Umschlag- und Buchgestaltung sowie grafische Umsetzung:
Johanna und Stefan Rasberger, www.labsal.at
Coverfoto: Wolfgang Hummer, www.wolfganghummer.com
Fotografien: William Melling
Autorinnenfoto: Wolfgang Hummer
Illustrationen: shutterstock

Die Autorin dankt Wedding Bazaar Vienna für die teilweise
Zurverfügungstellung von Geschirr.

Gedruckt auf umweltfreundlichem, chlor- und säurefrei gebleichtem Papier.

Bibliografische Information Der Deutschen Bibliothek
Die Deutsche Bibliothek verzeichnet diese Publikation in der Deutschen
Nationalbibliografie; detaillierte bibliografische Daten sind im Internet
über <http://dnb.ddb.de> abrufbar.

ISBN 978-3-7066-2607-1

Quellenangaben von Seite 16:
http://www.janatuerlich.at/Sonderkapitel/Produkte/Produkte/Portal.aspx?produktgruppe=5131&produkt=1212
http://www.janatuerlich.at/Sonderkapitel/Produkte/Produkte/Portal.aspx?produkt=12055&produktgruppe=5131
http://www.janatuerlich.at/Sonderkapitel/Produkte/Produkte/Portal.aspx?produkt=1191
http://www.umweltberatung.at/downloads/saisonkalender-poster-ernaehrung.pdf
Der Brockhaus Ernährung, 4., vollständig überarbeitete Auflage, München: F. A. Brockhaus 2011